공정하다는 것

국립중앙도서관 출판시도서목록(CIP)

공정하다는 것 / 글: 홍승희 ; 그림: 김은영. -- 파주 : 장수하늘소, 2014
　　p. ;　　cm

ISBN 978-89-94627-46-5 74330 : ₩10000

공정(공평함)[公正]
사회(공동체)[社會]

330-KDC5　　　　　　　　　　　　CIP2014015399

공정하다는 것

2020년 7월 1일 초판 3쇄 펴냄

글 | 홍승희
그림 | 김은영
펴낸이 | 길도형
편집 | 디자인우디
인쇄 | 인스P&B
제본 | 책공감
펴낸곳 | 장수하늘소
출판등록 제406-2007-000061호
주소 | 경기도 고양시 일산서구 덕산로 250
전화 | 031-923-8668 팩스 | 031-923-8669
E-mail / jhanulso@hanmail.net

Copyright ⓒ 장수하늘소, 2014

ISBN　978　89-94627-46-5　74330
　　　　978-89-962802-7-9 (세트)

책값은 뒤표지에 있습니다.
파손된 책은 구입한 서점에서 바꾸어 드립니다.
이 책의 무단 전재 및 복제를 금합니다.

초등학생이 꼭 만나야 할 민주사회 이야기

공정하다는 것
판자촌과 포크레인

글 홍승희 | 그림 김은영

장수하늘소

머리말

사람은 공정하게 살려는 본성이 있어요!

몇 년 전 어느 학자가 사람들을 대상으로 흥미로운 실험을 한 적이 있어요. 두 명의 실험 참가자가 일정한 금액을 서로 어떻게 나누어 가지는지 살펴보는 실험이었지요. 이때 두 사람은 서로 모르는 사이입니다.

먼저 실험 참가자 한 명(A)에게 10만 원을 줍니다. 그럼 A는 그 돈의 일부를 자신이 갖고, 나머지를 다른 실험 참가자인 B에게 나누어 주어야 합니다. 그런데 B는 A가 10만 원을 받았다는 사실을 알고 있고, A가 자신에게 주겠다는 하는 돈을 받을 수도, 받지 않을 수도 있습니다.

A가 주겠다고 하는 금액을 B가 받아들이면 그 제안대로 돈을 나누게 되지만, B가 이를 거절하면 두 사람 모두 한 푼도 갖지 못하게 됩니다. 이런 조건일 때, 과연 A는 B에게 얼마의 돈을 주겠다고 제시했을까요? 여러분이라면 얼마를 제시했을까요?

이 실험은 세계 여러 나라에서 두루 진행되었다고 해요. 보통 A가 주겠다고 제시하고, B가 받겠다고 받아들인 금액은 4~5만 원 사이였어요. 만약 A가 4~5만 원보다 더 낮은 금액을 주겠다고 하면, 대부분의 B는 차라리 한 푼도 받지 않는 편을 선택했지요.

이러한 실험 결과에 당시 사회학자들은 큰 충격을 받았어요. 그동안 사회학자들을 비롯해서 많은 사람들이 '인간은 자기 이익만을 좇는 이기적인 존재'라고 생각하고 있었어요. 그런데 이 실험을 통해 '1~2만 원의 이득을 얻느니, 차라리 공정함을 위해 이익을 포기하겠다.'는 인간의 의지가 발견되었지요. 그러니까 사람들에게는 '이익보다는 공정함을 앞세우는 본성이 있다.'는 점이 밝혀진 거예요.

만약 여러분이라면 이런 경우에 어떤 선택을 하게 될까요? 상대가 10만 원 중 1~2만 원을 건넨다면, 조금 화가 나더라도 그걸 받아들일까요? 아니면 '이건 너무 공정하지 못해. 차라리 1~2만 원의 이득을 포기하겠어.' 하면서 거부할까요? 아마도 많은 사람들이 적은 돈을 받느니, 두 사람 모두 돈을 받지 못하는 경우를 선택할 거예요. 왜냐하면 여러분도 어렴풋하게나마 '공정함'이 중요하다는 사실을 느끼고 있을 테니까요.

이 책에서는 '공정함'에 대해 여러분들과 함께 생각해 보려고 해요. 먼저 '공정한 사회를 만들기 위해서 필요한 조건은 무엇일까?'를 생각해 보고, '우리가 사는 사회는 얼마나 공정한가?'를 알게 해 주지요.

이 책에 나온 이야기 중에 어떤 내용은 "정말 그런 일이 있었어? 말도 안 돼!" 하면서 사실로 받아들이기 힘들지도 몰라요. 하지만 우리 사회에서 벌어지는 잘못을 바로 알아야, 우리에게 세상을 바꿀 힘이 생긴답니다. 그리고 우리가 세상을 공정하게 만들어 나가려고 애쓴다면, 분명 여러분이 살아갈 미래는 지금보다 조금 더 살기 좋은 세상일 거예요.

2014년 5월 홍승희

차례

머리말 사람은 공정하게 살려는 본성이 있어요! • 4

1. 여러 사람의 의견을 모아 결정해요 • 8
뭐든지 선생님 맘대로!
사람은 공동체 안에서 함께 살아가요
왜 우리는 다수결 원칙을 따를까요?

2. 사회적 약자를 존중해요 • 16
고아들에게 한 임상 실험
공동체의 이익을 위해 소수는 희생당해도 될까요?
희생당하는 사람이 나라면 어떨까요?

3. 언론의 자유는 꼭 필요해요 • 24
참 언론인 리영희
나쁜 정권은 왜 언론을 통제하려고 할까요?
한국의 언론 자유 순위는 세계 70위?

4. 선거는 공정하게 치러요 • 32
나쁜 소문
흑색선전에 휘둘리면 안 돼요!
공정한 선거는 현명한 국민들이 이뤄 내요!

5. 법 앞에서 모든 사람은 평등해요 • 40
왕과 신하는 처벌받지 않는 나라
중국 사람들에게 가장 존경받는 인물, 포증
공정한 법 집행은 왜 필요할까요?

6. 공익 제보자들의 용기가 국민들을 살려요! • 48
조직의 배신자는 과연 누구?
공익 제보자들이 피해를 입어요!
훌륭한 인재는 조직의 명령에만 충실한 사람?

7. 종교와 사상의 자유를 누려요 • 56
애국심 제로 나평화 씨!
'등대사 사건'을 알고 있나요?
"우리는 평화를 사랑하고 전쟁을 반대합니다!"

8. 누구에게나 공평한 기회를 주어야 해요 • 64
영수의 합격 통지서
기회는 누구에게나 평등하게 주어져야 해요
부잣집과 가난한 집의 교육비 차이는 무려 6배!

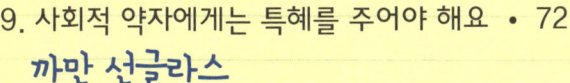

9. 사회적 약자에게는 특혜를 주어야 해요 • 72
까만 선글라스
직업 선택의 자유와 사회적 약자의 생존권 중 무엇이 더 먼저일까요?
사회적 약자에게 혜택을 주는 것이 진정한 평등!

10. 일자리 보장이 공정한 사회를 만들어요! • 80
아빠가 송전탑에 올라간 이유
왜 송전탑에 올라가 농성을 벌였나요?
스웨덴의 볼보 자동차 회사가 설치한 특별 팀

11. 환자는 누구나 치료를 받아야 해요 • 88
영희와 아빠의 배낭여행
유럽 선진국의 의료 복지 제도를 닮자!
환자라면 누구나 치료받을 수 있는 사회를 만들어요!

12. 누구에게나 집이 필요해요 • 96
판자촌과 포크레인
'집'은 우리에게 무엇일까요?
복지 선진국의 주택 정책은 어떤가요?

1. 여러 사람의 의견을 모아 결정해요

뭐든지 선생님 맘대로!

민주가 다니는 초등학교에서는 1년에 한 번씩 축제가 열립니다. 축제 기간에는 모든 학급이 참여해서 한 반에 한 가지씩 공연을 하는 장기 자랑 대회도 열려요. 그래서 축제가 시작되기 한두 달 전부터 학생들은 자신들이 할 공연을 정하고 준비하느라 바쁜 시간을 보내게 되지요.

"자, 조용히 하고. 이번 축제에서 뭘 했으면 좋겠는지 각자 의견을 말해 봐요."

종례 시간이라 교실 분위기가 소란스러워서인지 약간 짜증이 섞인 말투로 선생님이 아이들에게 물었어요.

"전 축구를 했으면 좋겠어요."

"이 바보야. 그건 강당에서 못 하잖아. 운동장에서 해야지."

"그럼 강당에서 할 수 있는 농구나 피구를 하면 되겠네."

"아냐. 단체로 해야 하니까 줄넘기를 하는 게 좋을 것 같아요."

아이들의 의견을 듣고 있던 선생님은 한숨만 나왔어요. 장기 자랑 대회와 체육 대회도 구분하지 못하는 아이들의 말을 듣고 있자니 머리가 지끈거리며 아프기까지 했어요.

"지금 체육 대회를 준비하는 게 아니잖아. 안 되겠다. 우리 반을 대표해서 장기 자랑 대회에 나갈 사람을 뽑는 게 낫겠구나."

"그럼 저희 반 전체가 나가는 게 아닌가요?"

한 아이의 질문에 선생님은 고개를 끄덕이며 대답했어요.

"그래. 꼭 모두가 나갈 필요는 없어. 어차피 잘하는 걸 보여 주어야 하니까 특출 난 장기가 있는 사람이 나가서 많은 박수를 받는 게 나을 것 같다."

선생님의 말에 아이들은 서로 눈치를 보기 시작했어요. 좀 전까지만 해도 소란스러웠던 교실 안이 갑자기 아이들의 침묵으로 채워졌어요.

"별다른 의견이 없는 거야? 민주야, 너랑 명희가 댄스 학원에 다닌다고 했지? 이번 축제 때 너희 둘이 우리 반 대표로 나가라. 다들 괜찮지?"

"네? 네, 알겠어요."

선생님의 갑작스런 말에 민주는 놀랐어요. 민주의 대답을 들은 선생님은 교실 밖으로 나갔고, 아이들은 한동안 아무 말 없이 조

용히 자리를 지키고 있었어요.

"아이, 참. 이번에는 우리 반 전체가 뭘 하는 줄 알았는데. 올해도 구경만 해야겠네."

"선생님은 우리가 학원 때문에 장기 자랑을 준비할 시간이 없다는 걸 아시는 건가? 우리를 너무 위해 주시는 것 같아."

반 아이들은 아무렇지도 않은 듯 책가방을 메고는 집으로 갈 준비를 했어요. 하지만 아이들 얼굴에는 명랑한 말투와는 달리 쓸쓸한 표정이 드리워져 있었어요.

아이들의 모습을 가만히 보고 있던 민주의 머릿속에는 '이건 올바른 게 아냐.' 하는 생각이 떠올랐어요. 민주는 교실을 나가려는 아이들을 막으며 자기 생각을 말했어요.

"잠깐만 기다려 봐. 너희들은 나랑 명희만 장기 자랑 대회에 나가는 것에 대해 아무런 불만 없어?"

아이들은 이상하다는 듯 민주를 쳐다봤어요.

"그럼 어떻게 해? 선생님이 그러자고 하셨잖아."
"하지만 이건 우리 반 장기 자랑이잖아. 그러면 너희들도 모두 참여해야지."
민주의 말에 아이들은 머뭇거리다가, 이내 '선생님이 결정한 걸 어떻게 해? 우리는 선생님 말대로 하면 돼.' 하면서 교실을 빠져나갔어요.

그 길로 민주는 선생님을 만나기 위해 교무실로 갔어요.

"선생님, 장기 자랑 대회에 저랑 명희만 나가는 건 문제가 있다고 생각해요. 우리 반 아이들이 함께할 수 있는 걸 했으면 좋겠어요."

선생님은 의아하다는 표정을 짓더니 이내 웃음을 터뜨렸어요.

"왜, 부담이 돼서 그래? 그냥 평소 실력대로 하면 돼."

"그게 아니고요. 반 장기 자랑이라면, 모두가 참가해야 하는 거잖아요."

"민주야. 반 아이들이 모두 참가하면 함께 노래 부르는 것 정도 밖에 못 할 거야. 그건 너무 평범하잖아. 그것보단 너랑 명희가 멋진 댄스 공연을 해서 우리 반의 명예를 높이는 게 낫지 않을까? 너무 걱정하지 말고 열심히 준비해 봐."

선생님의 단호한 말에 민주는 더 이상 자기 생각을 고집할 수 없었어요. 그리고 명희와 함께 춤 연습을 한 달 동안이나 했지요.

드디어 학교 축제가 시작되었어요. 민주와 명희는 그동안 열심히 연습한 춤 실력을 뽐냈고, 학년에서 1등을 했어요. 기뻐하는 선생님과 아이들의 큰 박수를 받았지만 민주는 왠지 씁쓸했어요. 오히려 3등을 한 옆 반 친구들이 더 부러웠어요. 그 반은 학생 모두가 나와서 합창을 했어요. 비록 화음도 잘 안 맞고, 박자도 중간중간 놓쳤지만, 옆 반 아이들은 모두가 함께 축제를 즐기고 있는 것 같았어요.

민주는 반 아이들 모두가 참가하는 장기 자랑을 했으면 더욱 좋았을 거라는 생각을 끝내 지울 수 없었어요.

사람은 공동체 안에서 함께 살아가요

'로빈슨 크루소'라는 사람을 알고 있나요?

영국 작가 다니엘 디포가 쓴 소설의 주인공인 로빈슨 크루소는 무인도에서 혼자 살아갑니다. 만일 우리도 로빈슨 크루소처럼 혼자서 산다면 어떨까요? 일하고 싶으면 일하고, 먹고 싶으면 먹고, 자고 싶으면 자는 생활을 할 수 있을 거예요.

하지만 우리는 태어나는 순간부터 다른 사람들과 함께 살아가게 돼요. 즉, 공동체 안에서 함께 살아가게 되는 것이지요. 따라서 사람은 자기 혼자 판단하고 자기 멋대로 행동하지는 못해요. 공동체의 규칙, 예절 따위를 지키면서 살아가야 하지요. 그리고 이러한 규칙, 예절 등은 모두 공동체 안의 많은 사람들이 옳다고 합의한 거예요. 한 공동체에서 어떤 결정을 내릴 때에는 늘 공동체의 모든 사람들이 그 결정에 참여해서 자기 의견을 말할 수 있어야 해요. 만일 이러한 과정을 거치지 않고 어떤 결정이 내려진다면, 그 결정은 아무리 좋은 것이라도 올바른 결정이라고 말할 수 없어요.

왜 우리는 다수결 원칙을 따를까요?

학급 회의에서 어떤 안건을 채택할지 말지 결정할 때, 의견이 하나로 모아지지 않는 경우가 참 많지요? 그럴 때 여러분은 어떻게 하는 것이 옳다고 생각하나요?

선생님이 일방적으로 결정하는 것이 옳을까요, 아니면 여러분 모두가 의견을 내어서 그중 가장 많은 지지를 받은 의견이 채택되는 게 옳을까요?

선생님은 많은 경험과 지식을 가지고 있기 때문에 학생들보다 더 좋은 결정을 내릴 수도 있어요. 그러나 학생들의 의견을 존중하지 않고 일방적으로 선생님이 결정을 내린다면, 학생들이 그 결정을 진심으로 따르지 않을지도 몰라요. 누구든 어느 의견이나 결정이 진심으로 옳다고 마음에 와 닿아야 그것을 순순히 따르게 되거든요.

그러기에 우리는 대개 다수결 원칙을 따릅니다. 우리가 다수결 원칙을 중요하게 생각하는 이유는, 이것이 '모든 인간은 평등하다.'라는 민주주의의 기본 원칙을 따르기 때문이에요.

학급 회의에서 선생님 한 명과 학생 한 명의 의견은 동등한 가치를 지니고 있어요. 따라서 학생 삼십 명의 의견보다 선생님 한 명의 의견이 더 가치 있다고 믿는 사회는 민주주의 사회가 아니라, 왕들이 지배하던 신분제 사회에 더 가깝다고 하겠지요.

2. 사회적 약자를 존중해요

고아들에게 한 임상 실험

"고약한 병으로 죽어 가는 어린아이들을 상태로 어떻게 이런 짓을!"

"인간의 탈을 쓰고는 이런 짓을 못 하지, 못 해……."

2004년 4월 4일, 영국의 《업저버》지에 실린 기사를 본 사람들은 모두 큰 충격을 받았어요. 거기에는 미국 뉴욕의 에이즈 바이러스 보유자 전문 요양 시설인 '인카네이션 어린이 센터'가 무려 13년 동안이나 아기와 어린이를 대상으로 에이즈 치료제의 임상 실험을 했다는 내용의 기사가 실려 있었거든요. 1989년 처음 문을 연 때부터 2002년까지 아기와 어린이 89명에게 에이즈 치료제 임상 실험을 해 왔다는 거예요.

"이런, 세상에! 유명한 대학 병원이 나라의 허가를 받아서 한 실험이라네요! 이렇게 기가 막힐 데가!"

이 임상 실험은 컬럼비아 대학 병원인 '프레비스테리안 병원'이

나서고, 미 국립 보건원에 속해 있는 국립 알레르기 및 감염병 연구소와 국립 아동 보건 연구소가 후원한 것이었어요. 또 이름만 대면 알 만한 세계적인 제약회사들이 약품과 돈을 지원했지요.

원래 임상 실험을 하려면, 실험을 당하는 사람이나 그 보호자의 동의를 받아야 하는데, 이 아이들은 대부분 흑인·스페인계 고아들이었어요. 그래서 뉴욕 시 아동 보호청의 허가를 받아 임상 실험을 진행했지요.

아이들에게 한 실험은 아주 끔찍했어요. 그들은 아이들에게 에이즈 치료제와 단백질 분해 효소 억제제 등 시험용 약품을 먹였어요. 거기다가 '일곱 가지 약품을 섞은 약'을 먹이기도 했어요. 6개월 된 아기에게 원래 먹는 양보다 두 배나 많은 양의 백신을 맞히고, 그 반응을 지켜보는 실험을 하기도 했어요. 약을 먹지 않는 아이들에게는 위벽을 뚫어 직접 위에 약물을 넣을 수 있는 튜브 시술도 했지요. 부모가 있는 아이들이었다면, 절대로 동의하지 않았을 법한 끔찍한 실험이었어요.

이 실험 내용이 보도된 뒤, 많은 사람들은 이처럼 끔찍하고 잔인한 실험이 미국 한복판에서 벌어지고 있었다는 사실에 더욱더 분노했어요.

"미국 정부는 흑인과 스페인계 고아들을 대상으로 실험을 했습

니다. 이런 불쌍한 아이들을 대상으로 실험을 한 것은 제2차 세계 대전 때 히틀러가 유대인들을 가스실에 넣고 죽인 것과 똑같은 일입니다."

"미국 정부와 병원은 히틀러보다도 더 나쁜 사람들입니다. 아이들은 실험이 진행되는 동안 엄청난 고통에 시달렸습니다. 제대로 말도 하지 못하고 죽을 날만 기다리는 아이들을 대상으로 이런 잔인한 실험을 하는 경우가 어디 있습니까?"

사람들은 실험이 진행된 병원과 실험을 승인해 준 뉴욕 시 아동 보호청 앞에서 책임자의 처벌을 요구하는 시위를 벌였어요. 하지만 실험을 진행한 사람들과 단체들은 자신들이 한 일에 대해 사과를 하지 않았어요. 오히려 그들은 자신들의 행동이 인류를 위한 일이었다고 주장했어요.

"죽어 가는 아이들에게 약효가 증명되지도 않은 약물을 투여한 것에 대해 죄책감을 느끼지 않습니까? 그리고 아이들 대부분이 임상 실험 도중에 죽었다고 하던데요. 그것에 대해서는 어떻게 생각하십니까?"

기자들과 시민 단체 회원들의 질문에 병원 관계자들은 담담한 표정으로 대답했어요.

"어느 병이든 임상 실험이 진행됩니다. 지금도 새로 개발된 암 치료제 임상 실험이 세계 여러 나라에서 진행되고 있습니다. 실험에 참가한 사람들은 모두 고통 받고, 거의 대부분 죽습니다. 그렇지만 그들 중에는 기적적으로 살아나는 사람도 있습니다. 우리는 이 실험을 통해 더 많은 사람들을 살릴 수 있는 의료 지식을 얻을 수 있습니다."

병원 관계자들의 말에 사람들은 야유를 퍼부었어요.

"당신들은 힘없는 흑인과 스페인계 아이들, 그중에서도 고아들을 대상으로 실험을 했소. 부유한 집안의 백인 아이한테도 똑같은 실험을 할 수 있겠소?"

병원 관계자들은 감정이 실리지 않은 말투로 대답했어요.

"잘사는 집의 백인 아이였더라도, 우리는 부모의 동의를 받고 실험을 진행했을 겁니다. 이미 그 아이가 에이즈에 걸려 있고, 오래 살 가능성이 전혀 없다면 말입니다."

사람들은 더욱 화가 나서 외쳤어요.

"당신들은 아이들을 실험실 쥐와 똑같이 취급했어!"

"당신들 자식이라도 그런 소리를 할 수 있겠어? 만약 당신이라면, 그런 고통을 참을 수 있어?"

그 말에 병원 관계자들은 아무 대답도 하지 못한 채 묵묵히 고개만 숙일 뿐이었어요. 하긴 누가 자신을 희생하며 그런 고통을 참아 내겠어요?

공동체의 이익을 위해 소수는 희생당해도 될까요?

우리는 공동체의 이익을 위해 한 사람이 자신의 이익을 포기하는 것을 아름답고 훌륭한 일이라고 칭찬해요. 그렇지만 이러한 생각이 무조건 옳다고 인정되면 희생당하는 사람들의 고통을 당연하게 생각하기 쉬워요. 물론 자기 이익만을 좇는 이기주의는 잘못된 것이지요.

우리가 사회의 규칙을 지키고, 사회 전체의 이익을 중요하게 생각하는 이유는 그 안에 살고 있는 한 사람, 한 사람의 행복을 지키기 위해서예요. 만일 사회가 한 사람의 행복과 권리를 파괴하면서 전체의 이익을 좇는다면 어떻게 될까요? 이러한 사회는 우리가 이루고자 하는 가장 중요한 목표를 잃어버린 끔찍한 곳이 될 거예요.

희생되는 사람이 나라면 어떨까요?

'만약 공동체를 위해 희생당하는 사람이 나라면?' 하는 생각을 해 본 일이 있나요? 그런 일이 있다면, 희생당하는 임상 실험 피해자들을 보며 큰 아픔을 느꼈을 거예요.

희생당하는 사람들의 아픔을 우리가 잘 느끼지 못하는 이유는 '나는 저런 고통을 겪지 않을 것이다.'라는 이상한 믿음을 갖고 있기 때문이에요.

미국의 학자 롤즈는 공정한 사회를 만들려면 우리 모두가 자신이 처한 상황을 모르는 데에서 출발해야 한다고 주장해요. 자신의 성별, 국가, 종교, 가정형편, 지능 등 모든 상황을 모른다고 가정할 때, 사람들이 합의할 수 있는 것을 사회의 기준으로 삼아야 한다는 것이지요.

앞의 이야기에서 병원 관계자들이 자신이나 자신의 아이들이 실험을 당하는 사람이 될 수 있다는 것을 생각했다면, 이런 일을 함부로 하지는 못했을 거예요.

그래서 롤즈는 공정한 사회의 기본 조건은 '모든 사람들이 어떤 경우에도 자신의 자유와 권리를 빼앗겨서는 안 된다'라고 주장합니다.

3. 언론의 자유는 꼭 필요해요

참 언론인 리영희

우리나라에는 부당한 압력에 맞서, 언론의 자유를 지키고자 애썼던 분들이 많아요. 그들 중 리영희 선생은 자신의 말을 듣지 않는 사람들을 감옥에 보내던 군사 독재 정권에 맞서, 끝까지 국민들에게 진실을 알리기 위해 싸웠던 대표적인 언론인이에요.

언론인으로서 리영희 선생이 험난한 가시밭길을 걷기 시작한 때는 5·16 군사 쿠데타 뒤였어요. 1961년 5월 16일, 박정희를 비롯한 반란군이 쿠데타를 일으켜 정권을 장악하는 일이 벌어졌어요. 불과 한 해 전 이승만 독재 정권에 맞서 수많은 사람들이 피를 흘리며 민주주의를 외쳤던 4·19 혁명의 기운이 채 가시기도 전에, 우리나라는 다시 암울한 군사 독재 시대로 들어서게 된 것이에요.

"이승만 정권 때 온갖 부정을 저지르고 국민들을 탄압했던 군대가 무엇을 바로잡겠다고 나선단 말입니까? 지금 정치가 혼란스러운 건 민주주의가 막 시작되었기 때문입니다. 쿠데타는 이제 막 피어나려는 민주주의의 싹을 짓밟아 버리는 짓입니다. 우리 모두 힘을 다해서 군대의 정권 탈취에 반대해야 합니다."

리영희 선생은 자신이 근무하던 신문사의 기자들 앞에서 이런 발언을 하며, 언론사 검열과 감시를 위해 찾아온 쿠데타 군인들을 문 앞에서 쫓아 버렸어요. 그리고 5·16 군사 쿠데타에 반대하는 글을 미국의 시사 잡지 《뉴 퍼블릭》에 실었어요. 이러한 일들로 인해 선생은 박정희 군사 정권 하에는 반드시 없애야 할 인물이 되었고, 그 후로 수많은 탄압을 받게 되었어요.

박정희는 성공적으로 나라를 거머쥐자 곧 미국을 방문했어요. 리영희 선생은 이를 두고 "정권을 세운 박정희가 마치 옛날 왕조 시대에 세자 책봉이나 왕위 계승의 윤허를 얻고 조공을 바치기 위해서 상전의 나라 중국을 찾아가는 꼴로, 케네디 미국 대통령을 알현하기 위해서 미국에 간다."라고 비판했어요.

그런데 이때 선생은 박정희의 방미 취재 기자로 뽑혀 미국으로 가게 되었어요. 군사 정권은 선생이 근무하던 《합동통신》 편집국장에게 이승만 정권과 민주당 정권에서 부정·부패·타락에 연루되지 않은 기자를 뽑아 보내라고 했는데, 편집국장이 '여기에 알맞은 기자는 리영희밖에 없다.'라면서 선생을 뽑았던 거예요.

미국에 건너간 후, 다른 기자들은 '미국의 케네디 대통령이 박정희와 회담한 뒤 군사·경제 원조를 약속하고, 박정희를 한국의 권력자로 공식 승인했다.'라는 내용을 국내 신문사로 보냈어요. 그러나 이는 당신 군사 정권의 요구대로 쓴 거짓 기사였어요. 이와 달리 리영희 선생은 《워싱턴 포스트》의 주필과 편집국장의 도움으로 케네디 대통령이 한 발언을 자세히 알게 되었어요.

　군사 정권의 말은 새빨간 거짓말이었어요. 진실은 전혀 달랐지요.

　케네디 대통령은 박정희에게 빠른 시간 안에 공정한 선거를 치러서 민간 정권으로 권력을 넘길 것, 군이 정치에 참여하지 말고 다시 군대로 돌아갈 것 등을 요구했어요. 그리고 이 같은 요구가 이루어질 때까지 경제 원주와 군사 원조를 할 수 없다고 했어요. 이러한 내용은 누구도 쓰지 못한 특종 기사였어요.

　리영희 선생의 노력 덕분에 우리나라 사람들은 미국이 박정희 군사 정권을 인정하지 않았다는 진실을 알게 되었어요. 거짓말의 홍수 속에 묻힐 뻔했던 단 하나의 진실이었지요.

그러나 참 언론인으로 살려는 리영희 선생의 앞길은 가시밭길이었어요. 박정희 정권이 바른 말을 하는 리영희 선생을 그냥 두지 않았거든요. 선생은 다니던 신문사에서 쫓겨난 것은 물론, 이러저러한 일들로 고초를 당하고, 고문을 당하고, 감옥살이를 해야 했어요.

그로부터 한참 뒤, 리영희 선생은 1972년부터 한양대학교 문리대학 교수 겸 중국 문제 연구소 연구 교수로 일했어요. 그렇게 한양대학교 교수로 있다가 박정희 정권에 의해 1976년 해직되고 말았어요. 1980년 3월 복직됐으나, 그 해 여름 전두환 정권에 의해 다시 해직되었다가 1984년 복직되었지요. 군사 정권 기간 동안 네 번 해직, 다섯 차례 구속을 당하는 고초를 겪은 거예요.

군사 정권에 아부한 언론인들은 국회의원, 장관이 되어 출세의 날개를 달았지만, 선생은 단 한 번도 그러한 삶을 부러워하지 않았어요.

세상이 바뀌어 아부했던 언론인들이 결국 사람들의 비난을 받게 되었을 때, 선생의 이름은 한 마리 고고한 학처럼 빛났어요. 한평생 언론의 자유와 진실을 위해 살아온 선생은 현대 언론인들이 가장 존경하는 인물이랍니다.

나쁜 정권은 왜 언론을 통제하려고 할까요?

언론은 세상을 보여 주는 창이에요. 사람들은 언론 보도를 통해 세상이 어떻게 돌아가는지, 잘못된 점은 무엇인지를 알고, 그에 대한 자신의 의견을 만들어 가지요. 따라서 부패하고 국민을 억압하고자 하는 정권은 국민들이 진실을 알게 되는 것을 가장 두려워해요.

우리나라에서도 부패한 정권은 방송국이나 신문사에서 정부를 비판하는 내용의 보도를 하지 못하게 항상 막았어요. 그래서 국민들은 현실에서 벌어지는 온갖 부정부패와 폭력에 희생당하는 사람들에 대해서 거의 알지 못했지요. 심지어 아직도 과거 군사 독재 정권 시절이 살기 좋았다고 말하는 사람들이 있어요. 그 사람들이 잘못된 생각을 가지게 된 원인은, 잘못된 언론 보도로 세상을 똑바로 보지 못했기 때문이에요.

한국의 언론 자유 순위는 세계 70위?

민주주의 사회에서는 누구나 자신의 의견을 두려움 없이 말하고, 모든 의견이 자유롭게 유통되어야 해요. 하지만 아직까지 한국 사회는 정권에 반대하는 말을 하는 것을 두려워하고, 다양한 의견이 방송을 통해 나오지 못하고 있어요.

미국 '프리덤 하우스'가 발표한 언론 자유 순위에서도 한국은 세계 70위예요. 아프리카의 자메이카, 가나보다 더 낮은 순위이지요. 세계 경제 대국 20위 안에 들었다고 자랑하는 한국 사회가 민주주의의 기초인 '언론과 표현의 자유'에서는 후진국인 셈이지요.

국민들이 인터넷에 쓴 글을 정부 기관이 감시하고, 또 정부를 비판한 글 때문에 재판정에 서야 하는 우리나라를 과연 선진국이라고 말할 수 있을까요?

경제적으로 풍요로워졌다고 해서 선진국이라고 말할 수는 없어요. 우리나라가 선진국으로 발돋움하려면 언론과 표현의 자유를 보장하고, 이를 통해 다양한 의견을 모아서 그중 가장 좋은 의견을 만드는 과정이 반드시 필요해요.

4. 선거는 공정하게 치러요

나쁜 소문

"제가 학생 회장이 되면 각 학급의 회장들과 한 주에 한 번씩 회의를 하겠습니다. 그리고 선생님들과 의논해서 여러분들이 원하는 것들이 실행되도록 노력하겠습니다."

"와! 역시 민규는 말도 잘해."

"말만 잘하니? 공부도 잘하고 마음씨는 얼마나 고운데. 착한 어린이상도 여러 번 받았잖아."

민규는 전교 학생 회장을 뽑는 선거에 출마했어요. 평소 공부도 잘하고, 친구들에게 다정했던 민규는 친구들의 열렬한 지지를 받았지요. 아이들은 이번 선거에서 민규가 많은 표를 얻어 학생 회장이 될 것으로 생각했어요.

"왜 애들은 하나같이 민규만 좋아하는 거야. 이러다간 내가 질 것 같은데."

멀리서 민규의 모습을 지켜보던 영일이는 짜증이 났어요. 영일이도 선거에 출마했는데, 아이들이 민규만큼 자신을 좋아하지 않아서 화가 난 거예요.

"그러게. 네 엄마가 운영위원회 회장이어도 이번에는 힘들 것 같아."

"네가 회장이 되면 한 달에 한 번씩 전교생에게 햄버거를 주겠다고 했는데도, 애들 반응이 영 시원찮네."

항상 따라다니는 철수와 세진이의 말에 영일이는 더욱 화가 났어요.

"그럼 그냥 포기하자는 거야? 뭔가 대책을 마련해 봐. 내가 너희들한테 용돈 준 이유가 그거잖아."

영일이가 나무라자, 철수는 어이없다는 표정을 지었어요.

"그게 우리 탓이냐? 평소 네가 아이들을 함부로 대해서 그런 거잖아. 아이들이 너를 어떻게 생각하는지 몰라? 공부도 못하는 게 엄마 믿고 나댄다고……."

점점 굳어 가는 영일이의 모습을 보자, 철수는 '아차' 하고 손으로 입을 막았어요.

"철수 말은 아이들이 널 민규보다는 좋아하지 않는다는 거야. 그건 너도 알잖아. 자, 자, 이러다간 싸움 나겠다. 그러지 말고 어떻게 해야 할지 얘기해 보자. 사실 내게 좋은 생각이 있어."

철수를 노려보는 영일이의 어깨를 두드리면서 세진이가 말했어요.

"누구든 완벽한 사람은 없어. 민규도 약점이 있을 테니까 그걸 집중적으로 캐서 아이들에게 그 소문을 퍼뜨리는 거야."

"그런데 민규 약점을 어떻게 찾아?"

고개를 갸우뚱거리는 철수와 영일이를 보며 세진이는 한심하다는 듯이 혀를 끌끌 찼어요.

"굳이 약점을 찾을 필요는 없어. 우리가 만들면 되거든. 그냥 '민규가 이러저러하더라.'라는 소문만 내면 돼."

세진이는 자신만 믿으라면서 큰소리를 쳤어요.

다음 날부터 학교에는 이상한 소문이 돌기 시작했어요.

"그 소문 들었어? 민규가 무거운 짐을 들고 가시는 할머니와 부딪치고는 사과도 안 하고 그냥 갔대."

"저번에 민규가 우리 학교 애들은 너무 멍청해서 싫다고 했대. 자기는 당장이라도 다른 학교로 전학 가고 싶다고 했다던데?"

정체 모를 소문은 걷잡을 수 없이 학교 전체로 퍼져 나갔어요. 처음에는 소문을 믿지 않았던 아이들도 점점 그게 사실일지도 모른다는 생각을 하게 됐어요.

'착하다고 생각했는데 그게 아닌가 봐.'

'우리 학교가 그렇게 싫으면서 왜 학생 회장이 되려고 하지? 우리를 바보로 아는 건가?'
그 소문을 돌고 돌아 민규의 귀에도 들어갔어요. 민규는 펄쩍 뛰며 그런 적이 없다고 말했지만, 아이들은 의심을 거두지 않았어요.
"아니 땐 굴뚝에 연기 나겠어? 그런 일이 있으니까 소문이 난 거겠지."
"그래, 민규가 변명하는 걸 보면 분명히 비슷한 일이 있었던 거야."
철수와 세진이는 아이들 사이를 돌아다니며 이런 말들을 전했고, 아이들의 의심은 더욱 커져만 갔어요.
마침내 학생 회장을 뽑는 날이 되었어요.
아이들은 누구에게 투표를 해야 할지 혼란스러웠어요. 처음에는 마땅히 민규가 학생 회장이 되어야 한다고 생각했지만, 지금은 이상한

소문 때문에 민규를 뽑아야 할지 걱정이 되었어요.
'그러고 보니 민규나 영일이나 어차피 비슷한 거 같아. 누가 뽑히던 우리하고 무슨 상관이지? 가만 보자, 저번에 영일이가 햄버거를 준다고 했는데. 아이, 모르겠다. 그냥 영일이를 뽑을까?'
아이들 머릿속에 영일이가 약속했던 햄버거가 떠올랐어요. 어차피 민규나 영일이나 둘 다 학생 회장이 되기엔 부족해 보였어요. 누가 학생 회장이 되더라도 그다지 큰 노력을 하지는 않을 거라는 생각이 들었지요. 또 그동안 좋은 친구라고 생각했던 민규가 겉과 속이 다른 애라는 생각이 들었고, 착한 척하던 민규보다는 원래 재수 없었던 영일이가 더 나아 보이기까지 했어요.
마침내 처음 예상과는 달리 영일이가 학생 회장으로 당선되었어요. 영일이는 기뻐서 길길이 뛰었어요. 그리고 아이들은 한 달에 한 번 먹게 될 햄버거를 생각하면서, 자기들의 선택이 옳은 거라고 스스로를 달랬어요.

흑색선전에 휘둘리면 안 돼요!

사람은 감정의 동물이에요. 따라서 선거에서는 표를 얻기 위해 국민들의 감정을 움직이는 방법을 많이 사용해요. 그중에서 가장 효과적인 방법은 상대 후보에 대해 비난을 하거나 약점을 잡아 공격하는 것으로, 이를 '흑색선전'이라고 해요. 많은 사람들이 '나는 그 같은 흑색선전에 넘어가지 않아. 아무런 영향도 받지 않아.' 하고 생각하지만, 실제 실험 결과는 아주 달랐어요. 많은 사람들이 진짜인지 아닌지 알 수 없는 흑색선전으로 처음과는 다른 선택을 하는 경우가 많았거든요.

실제로 1988년 미국 대통령 선거에서 민주당 후보였던 듀카키스는 얼간이, 바보로 조롱받던 공화당 후보 부시에게 패배했어요. 패배 원인은 바로 부시의 전거 전략가였던 리 애트워터가 만들어 낸 흑색선전 때문이었어요. 리 애트워터는 듀카키스의 아내가 젊은 시절 미국 국기를 불태웠고, 듀카키스가 국기에 대한 경례를 반대했다는 터무니없는 소문을 퍼뜨렸지요. 이 소문들은 미국 사람들의 마음속에 의심을 자라나게 했고, 결국 듀카키스는 선거에서 지고 말았답니다.

공정한 선거는 현명한 국민들이 이뤄 내요!

사람은 누구나 실수를 저질러요. 그런데도 우리는 유독 정치 후보자만큼은 '하늘을 우러러 한 점 부끄러움이 없는 사람'이어야 한다고 생각하는 경향이 있어요. 그래서 깨끗한 이미지를 가진 정치인이 어떤 잘못을 저질렀다는 게 밝혀지면, 너무도 큰 실망을 한 나머지 그 정치인도 부패한 정치인과 하나도 다를 바 없다는 생각을 가지게 돼요.

그렇지만 정말 그 일에 당사자의 책임이 있는지, 그것이 일부러 한 일인지 아니면 실수였는지 꼼꼼히 따져 볼 필요가 있어요. 그래야만 터무니없는 흑색선전에 넘어가지 않을 테니까요.

미국 대통령 선거의 민주당 후보자로 나선 듀카키스가 국기에 대한 경례를 반대했다는 소문은 나중에 거짓임이 밝혀졌어요. 대통령 선거 후보자로 나서기 전 듀카키스가 주지사로 있던 메사추세츠 주의 대법원에서 '국기에 대한 경례를 하지 않을 경우 형사 처벌한다는 공화당의 법안은 위헌'으로 판결했는데, 듀카키스는 대법원의 판단을 존중했던 것이었지요.

선거를 통해 국민들을 대신할 훌륭한 대표자를 선출하는 몫은 투표를 하는 국민들에게 있어요. 따라서 공정한 선거를 치르려면 국민들 스스로 현명한 판단을 해야 해요.

5. 법 앞에서 모든 사람은 평등해요

왕과 신하는 처벌받지 않는 나라

옛날 옛날에 왕과 그 신하들은 어떤 잘못을 저질러도 처벌을 받지 않는 나라가 있었어요. 이 나라는 높은 관리들이 잘못을 했을 때, 반성문을 쓰고 약간의 봉사 활동을 하면 모든 죄를 용서해 주는 이상한 곳이었어요. 반대로 백성들은 조금이라도 법에 어긋나는 행동을 하면 호되게 죗값을 치러야 했지요. 그래서 이 나라의 백성들은 불법적인 일을 하는 것을 전혀 부끄럽지 않게 생각했답니다.

"이번에 옆 동네 돌쇠 아버지가 잡혀간 이야기 들었어? 글쎄 관리한테 뇌물을 줬다가 붙들려 갔다는구먼."

"어허, 뇌물을 주려면 제대로 줘야지. 어떻게 했기에?"

"그게 책임자가 두 사람인데, 한 사람한테만 줬다는구먼."

"그 사람도 참. 뇌물을 주려면 둘 다 줘야지. 돈 좀 아끼려다가 그게 무슨 꼴이야? 그리고 뇌물은 직접 주면 안 돼. 그런 일을 전문적으로 하는 사람한테 부탁해야 뒤탈이 없지."

이 나라 사람들은 관리들에게 뇌물을 주고, 부정을 저지르는 일을 당연하게 생각했어요. 그리고 법대로 정직하게 살려는 사람은 '융통성이 없다. 앞뒤가 꽉 막혔다.' 하면서 비웃었지요.

문제는 사람들이 서로를 믿지 못하기 때문에 가게도, 공장도, 회사도 제대로 돌아가지 않는다는 것이었어요. 게다가 관리에게 뇌물을 주지 않으면 어떤 일도 진행되지 않으니 나라가 크게 발전하기도 어려웠지요. 해가 지날수록 이 나라는 세상에서 가장 가난하고 살기 힘든 곳이 되었어요.

"이것 참 큰일입니다. 도대체 우리나라가 왜 이렇게 살기 힘든 곳이 되었나요? 제발 말 좀 해 보세요."

아버지의 뒤를 이어 왕위를 계승한 새 임금님의 말에 신하들은 아무 말도 못 하고 가만히 엎드리고만 있었어요.

'자기 이익과 관련된 일에 대해서는 그렇게 말들이 많더니, 정작 나라를 위한 대책은 아무도 내놓지 못하는구나. 정말 이 나라의 미래는 어찌될까? 한심한지고.'

서로 눈치만 보고 있는 신하들을 바라보던 임금님은 나라 걱정에 한숨만 나왔어요. 그때 신하들이 서 있는 줄의 맨 마지막에 있던 한 젊은 관리의 청아한 목소리가 임금님의 귀에 들려왔어요.

"전하, 신이 한 말씀 올리겠습니다. 무릇 옛말에 '죄가 있는 곳에는 반드시 처벌이 따라야 한다'라고, 또 '윗물이 맑아야 아랫물이 맑은 법'이라고도 했습니다. 하지만 지금 우리나라를 보십시오. 권력자는 죄를 지어도 처벌받지 않습니다. 이에 백성들도 죄를 짓는 것을 잘못으로 여기지 않게 되었습니다. 나라의 법을 모든 사람들에게 공평하게 적용하는 것이 이 나라를 바로 세우는 길입니다."

젊은 관리의 말에 다른 신하들이 웅성거리기 시작했어요.

"그게 무슨 말도 안 되는 소리인가? 어찌 하찮은 백성들과 우리를 똑같이 대우한단 말인가?"

"전하, 그렇게 하면 나라의 기강이 바로 서지 않을 것입니다. 세상 물정을 모르는 젊은 관리의 말을 귀담

아듣지 마시옵소서."

임금님은 갑자기 소란스러워진 광경에 할 말을 잃었어요. 나라를 살리기 위한 방책을 내놓으라 할 때는 입을 봉하고 있던 관리들이, 자신들의 이득을 위해서는 몸을 사리지 않는 모습에 정말 기가 찼어요. 임금님은 결심을 굳힌 듯 단호한 목소리로 신하들에게 말했어요.

"이제부터 아무리 높은 직위에 있는 사람이라도 법을 어기면 일반 백성과 똑같은 처벌을 하겠소. 이것이 나의 뜻이오. 그리고 저 젊은 관리를 새로 만들 부서의 책임자로 임명하겠소. 그 부서는 관리들의 죄를 처벌하는 곳이 될 것이오."

신하들은 자신들이 누리던 특권이 사라지게 되어 몹시 당황했어요. 그들 중에는 젊은 관리를 매수하

기 위해 발 빠르게 움직이는 자들도 있었어요. 하지만 젊은 관리는 어떤 유혹에도 흔들리지 않고, 임금님의 명대로 관리들의 부정부패를 조사하기 시작했지요.

얼마 후 임금님의 사촌 동생이 뇌물을 받고 벼슬자리를 팔았다는 사실을 밝혀냈어요.

"전하, 전하의 사촌 동생 분을 처벌할 수는 없습니다. 왕족을 처벌하면 이 나라의 기강이 무너집니다."

"맞습니다. 받은 뇌물을 모두 나라에 반환하라고 하시고, 그 대신 죄를 뉘우치는 의미로 사회 봉사 활동을 하게 하는 것이 합당합니다."

신하들의 반발에 임금님은 고민에 빠졌어요. 자신이 한 말을 지키지 않으면 나라는 다시 예전처럼 부정부패로 얼룩진 곳이 될 거예요. 그렇지만 사촌 동생을 처벌하는 것도 마음에 걸렸어요.

임금님의 고민스런 표정을 보고 있던 젊은 관리는 자신의 목숨을 걸어야겠다고 결심했어요. 지금 바로잡지 않으면 나라는 큰 혼란에 빠질 테니까요.

"전하! 저의 목을 치시더라도 이 말씀은 꼭 드려야겠습니다. 만일 지금 사촌 동생을 엄벌에 처하지 않으시면 모든 백성들이 가졌던 기대는 물거품처럼 사라질 것이고, 백성들은 임금님의 말씀을 더 이상 믿지 않게 될 것입니다. 사사로운 정 때문에 나라를 망칠 것인지, 아니면 법은 누구에게나 평등하다는 것을 모든 백성에게 보여 줄 것인지 결정하셔야 합니다."

젊은 관리의 말에 임금님은 결심을 굳혔어요.

"죄인을 당장 감옥에 넣고, 어떠한 특혜도 주지 말거라. 또한 백성들보다 더 오랜 시간 감옥에서 죄를 반성하게 하라."

임금님이 자신의 사촌 동생을 엄벌에 처했다는 소문은 삽시간에 온 나라에 퍼졌어요. 그 뒤에도 부정을 저지른 관리들이 줄줄이 감옥에 가게 되자, 사람들은 더 이상 법을 어기지 않게 되었어요. 사람들이 정직하게 살기 시작하자 나라의 경제도 살아나고, 이웃들과도 더 친하게 지내게 되어, 항상 웃음이 떠나지 않는 살기 좋은 나라가 되었답니다.

중국 사람들에게 가장 존경받는 인물, 포증

　포증(포청천)은 중국 사람들이 가장 존경하는 인물로, 그를 주인공으로 한 TV 드라마가 제작될 정도로 인기가 높은 실존 인물이에요.

　포증은 송나라 때의 관리였어요. 그는 벼슬이 있든 없든 누구에게나 공정한 판결을 내린 인물로 유명해요. 포증의 청렴함과 강직함을 높이 산 황제는 포증이 개봉부의 부윤이 되었을 때, 용작두, 호작두, 개작두를 내렸어요. 작두는 사형을 집행하는 도구였는데, 특히 용작두는 황족과 왕족을 사형에 처하는 기구였어요.

　과거의 역사를 보더라도 권력자들이 저지른 죄를 처벌하지 않았던 나라는 항상 기운이 쇠퇴했어요. 이러한 사실은 사회적 신분에 관계없이 공정한 법 집행을 하는 것이 얼마나 중요한 일인지를 우리에게 알려 줍니다.

공정한 법 집행은 왜 필요할까요?

　새 임금이 나라를 다스리기 전처럼, 힘세고 권력이 있는 사람들은 무슨 죄를 지어도 금방 풀려나고, 이와는 달리 백성들만 처벌을 받는다면 어떤 일이 일어날까요?
　아마도 사람들은 '법 앞에서는 누구나 평등하다.'라는 말을 믿지 않을 거예요. 많은 사람들이 처벌을 받지 않기 위해 힘세고 권력 있는 사람들에게 금은보화를 갖다 바치거나, 어떻게 해서든 그들과 친밀한 관계를 쌓으려고 들 거예요.
　대통령의 친인척이 죄를 지어도 특별 사면으로 감옥에서 나오고, 재벌들이 엄청난 돈을 횡령해도 항상 무죄를 풀려나는 것을 보면서 국민이 느끼는 허탈감은 이루 말할 수 없어요. 그런 나라의 국민들은 나라에 대한 자긍심과 애국심을 가지지가 쉽지 않을 거예요. '공정한 법 집행'이 이루어지지 않는 곳에서는 애국심이 자라나지 않기 때문이지요.

6. 공익 제보자들의 용기가 국민들을 살려요!

조직의 배신자는 과연 누구?

"소장님. 지금 적십자사에서 보관하고 있는 혈액이 제대로 관리가 안 되고 있다니까요. 이러다가 정말 큰일이라도 생기면 어쩌려고 그럽니까?"

대한 적십자사 중앙 혈액원에 근무하는 용환 씨는 윗사람들을 찾아다니며 자신의 생각을 전하려고 노력했어요. 이대로 가만 두고 보다간 큰일 날 거라는 걱정에서였지요. 그렇지만 용환 씨에게 돌아온 건 냉담한 반응뿐이었어요.

"당신, 정말 큰일이라도 생기길 바라는 거야? 별 문제없이 잘 돌아가고 있는데 왜 들쑤셔서 괜한 일을 만들려고 하는 거야. 그냥 좋게 좋게 넘어가자고."

용환 씨는 윗사람들의 태도에 화가 났어요.

"지금 혈액원에서 병원이나 연구소로 공급되는 혈액이 어떤 상태인지 아무도 모릅니다. 몹쓸 병에 걸린 사람의 혈액이 환자에게 수혈될 수도 있어요! 그러면 그때는 이미 늦습니다. 이건 사람의 생명이 달린 큰 문제입니다!"

"아, 그 사람 참. 빨리 나가서 일이나 봐. 괜한 일 벌려서 여러 사람 귀찮게 하지 말고."

용환 씨가 문제의 심각성을 아무리 말하고 또 말해도 윗사람들은 들은 척도 하지 않았어요. 귀찮은 파리 쫓듯이 손을 휘저으면서 용환 씨를 사무실 밖으로 내보내기에 급급했지요.

용환 씨의 동료들도 마찬가지였어요. 용환 씨의 행동을 비웃거나 피하기 일쑤였어요. 직장에서 '괜한 문제를 일으키려는 사람'으로 낙인이 찍혔지만, 용환 씨는 자신의 생각이 틀리지 않다고 믿었어요.

그러던 어느 날, 용환 씨는 한 통의 전화를 받았어요.

"김용환 씨 되시죠? 저희는 적십자사 혈액 관리의 문제점을 취재하려고 하는 고구려 방송국입니다. 인터뷰 때문에 그러는데, 혹시 만나 뵐 수 있을까요?"

용환 씨를 만난 방송국 프로듀서는 적십자사의 혈액 관리와 유통의 문제점을 취재하는 데 협조해 달라고 부탁했어요.

그 말에 용환 씨는 고민스러웠어요.

'만약 방송이 나간다면 이 문제를 해결할 수 있을 거야. 그렇지만 동료들을 배신하는 것은 아닐까? 게다가 나는 직장에서 해고될 수도 있을 텐데, 가족들에게는 뭐라고 말하지?'

방송국 프로듀서는 용환 씨를 거듭 설득했어요.

"용환 씨 말고도 적십자사의 다른 지사에 근무하는 사람들 중에도 비슷한 생각을 가진 사람들이 있어서, 그 사람들도 도움이 주기로 했습니다. 용환 씨 혼자만의 생각은 아니니, 모두 함께 나서서 이 문제를 해결해야지요. 무고한 생명이 수혈로 목숨을 잃거나 몹쓸 병에 걸리면 어떡하겠어요?"

마침내 용환 씨는 방송국 취재를 돕기로 결심했어요. 잘못된 혈액 관리로 목숨을 잃는 사람들이 더 생겨서는 안 된다고 생각한 거예요.

용환 씨를 비롯해 다른 동료 세 명의 도움으로 진행된 '적십자사의 혈액 관리와 실태'에 대한 취재 내용은 모든 국민을 충격에 빠뜨렸어요.

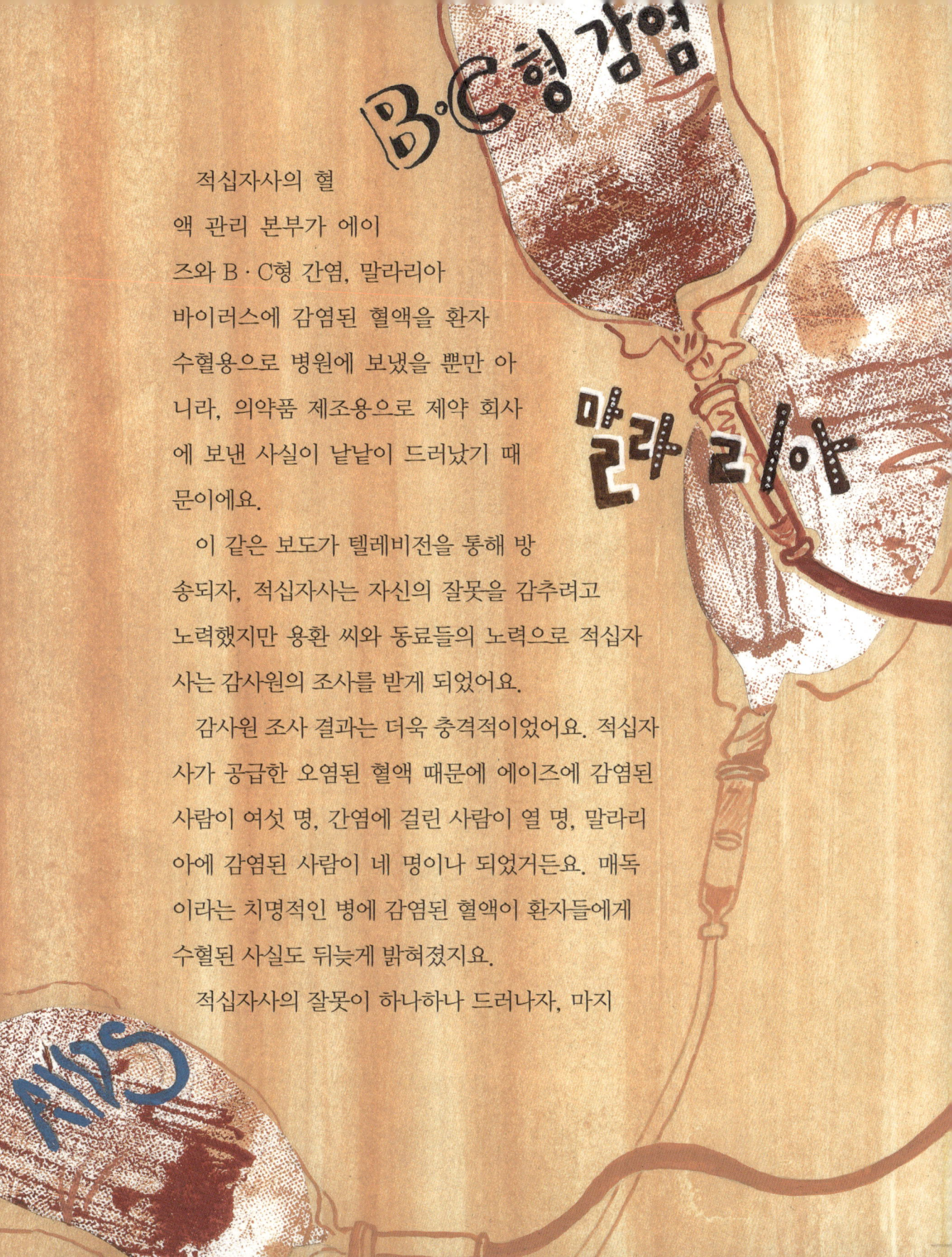

B·C형 감염

말라리아

AIDS

　적십자사의 혈액 관리 본부가 에이즈와 B·C형 간염, 말라리아 바이러스에 감염된 혈액을 환자 수혈용으로 병원에 보냈을 뿐만 아니라, 의약품 제조용으로 제약 회사에 보낸 사실이 낱낱이 드러났기 때문이에요.

　이 같은 보도가 텔레비전을 통해 방송되자, 적십자사는 자신의 잘못을 감추려고 노력했지만 용환 씨와 동료들의 노력으로 적십자사는 감사원의 조사를 받게 되었어요.

　감사원 조사 결과는 더욱 충격적이었어요. 적십자사가 공급한 오염된 혈액 때문에 에이즈에 감염된 사람이 여섯 명, 간염에 걸린 사람이 열 명, 말라리아에 감염된 사람이 네 명이나 되었거든요. 매독이라는 치명적인 병에 감염된 혈액이 환자들에게 수혈된 사실도 뒤늦게 밝혀졌지요.

　적십자사의 잘못이 하나하나 드러나자, 마지

못해 적십자사는 자신들의 잘못을 인정했어요. 그런데 겉으로만 잘못을 시인하고, 적십자사는 다른 일을 꾀하고 있었어요. 자신의 잘못을 뉘우치기는커녕 이 같은 사실을 언론사에 알린 김용환 씨와 임재광 씨, 이강우 씨, 최덕수 씨 네 명을 검찰에 고발한 거예요. '에이즈 환자의 비밀을 누설했다.'라는 얼토당토않은 이유를 내세워서 말이지요.

이뿐만이 아니었어요. 제보가 사실이라는 것이 밝혀지면서 네 사람이 풀려나자, 이번에는 회사 안의 징계 위원회에 요청해 이들을 처벌하려고 했어요. '언론에 혈액 사업에 대해 부풀려서 말하고, 잘못된 내용을 제보해서 적십자사의 명예를 떨어뜨렸다.'라는 것이 그 이유였지요. 그러나 회사의 비밀과 잘못을 퍼뜨린 것에 대한 '괘씸죄'를 물으려고 한다는 것을, 알 만한 사람은 다

알고 있었어요.

　김용환 씨와 동료 세 명의 용기 있는 제보로 우리는 이제 안전한 혈액을 수혈받을 수 있게 되었어요. 국무총리실 산하에 혈액 안전 관리 개선 기획단이 새로 생겼고, 보건 복지부에 혈액 안전 관리를 도맡는 혈액 정책과가 새로 생기는 등 혈액 안전 관리를 더 체계적으로 할 수 있는 제도가 마련되었지요.

　그러나 큰 용기를 낸 김용환 씨와 동료들은 올바른 일을 한 대가를 톡톡히 치러야 했어요. 회사에서는 여러 번 이들에게 사직서를 내라고 압력을 가했고, 동료들도 이들을 곱게 보지 않았어요. 회사나 사회나 모두 이들을 '조직의 배신자'로 낙인찍고 냉대했어요. 큰 용기를 내어 옳은 일을 하려고 한 이들에게 왜 이런 일이 벌어지는 걸까요?

공직 제보자들이 피해를 입어요!

자신이 몸담고 있는 회사나 조직의 문제를 밖으로 알리는 사람들을 '공익 제보자'라고 해요. 사회 전체의 이익(공익)을 위해 자신의 피해를 무릅쓰고 큰 용기를 내는 훌륭한 사람들이지요. 그렇지만 이들은 올바르고 정당한 일을 했음에도 불구하고 엄청난 고통을 당하고 있어요. 여러 공익 제보자들이 직장에서 해고당하고, 동료들 모두가 등을 돌리는 암울한 현실에 절망하곤 하지요.

만약 김용환 씨와 동료들이 우리나라의 혈액 공급을 담당하고 있는 적십자사의 문제점을 낱낱이 밝히지 않았다면, 갓난아기가 오염된 혈액을 수혈받아 에이즈나 매독에 걸리는 등 상상도 하지 못할 끔찍한 일이 벌어졌을지도 몰라요.

그런데도 왜 많은 사람들을 위해 올바른 일을 한 사람들이 큰 상을 받기는커녕 도리어 피해를 보는 일이 벌어지는 걸까요? 어째서 그들의 용기에 박수를 보내지 못할망정 그들에게 돌팔매질을 하는 사회가 된 것일까요? 과연 이 같은 사회가 올바른 사회일까요?

훌륭한 인재는 조직의 명령에만 충실한 사람?

전라도 광주에서 수많은 사람을 죽이며 정권을 빼앗은 독재자 전두환 전 대통령에게는 평생 충성을 바치는 비서실장이 한 명 있었어요. 그 사람은 전두환이 감옥에 간 뒤에도, 진실을 밝히라는 국민들의 강한 요청에 끝까지 입을 열지 않는 등 독재자에게 충성을 바쳤어요. 그 사람은 국민들의 이득보다도 독재자에 대한 충성을 더 앞세웠어요. 그런데 우리나라의 어르신들은 그 비서실장에게 '정말 남자답다.'라며 칭찬을 아끼지 않았어요.

여러분도 정말 그 비서실장이 용기 있는 사람이라고 생각하나요?

절대 아니에요. 그 사람은 비겁한 사람이에요. 자신의 잘못을 끝까지 인정하지 않고 자기 고집만 부리는 옹졸하고 불쌍한 인간이지요.

그런데 왜 그 사람을 용기 있는 사람이라고 말할까요? 혹시 '훌륭한 행동이란 상사의 명령에 충실하고, 비록 잘못된 명령이라도 따르는 것'으로 착각하고 있는 것은 아닐까요? 이런 이유로 대기업 회장의 잘못을 뒤집어쓰고 감옥에 가는 이상한 사람들도 생겨나는 것이지요.

진정한 용기는 잘못된 것을 바꾸려고 하는 마음과 행동이에요. 이런 마음과 용기 있는 행동이 많아질 때, 공정하고 살기 좋은 사회가 되는 거예요. 공익 제보자를 '조직의 배신자'로 부르며 비난하는 사람들의 마음속에 '나는 하지 못했다는 부끄러움과 질투, 나의 잘못을 인정하고 싶지 않은 옹졸함'이 숨어 있는 것은 아닐까요?

7. 종교와 사상의 자유를 누려요

애국심 제로 나평화 씨!

　나평화 씨는 평범한 대학생이에요. 평화 씨는 친구들과 어울리는 것을 좋아하고, 시험 기간에는 도서관에서 열심히 공부하지요. 그렇지만 평화 씨에게는 단 한 가지, 또래 친구들과 다른 점이 있어요. 같은 해에 대학에 입학한 남자 동기들은 모두 군대에 가 있거나 이미 다녀왔지만, 평화 씨는 졸업반이 되도록 군대에 가지 않은 점이에요.

　"너는 어쩌려고 군대를 안 가니? 졸업하고 장교로 가려고 하니? 그러면 학군단이라도 하지 그랬어."

　"제가 알아서 할 테니까 너무 걱정 마세요."

　평화 씨는 부모님에게는 항상 이렇게 말을 하면서도 가슴속을 짓눌러오는 답답함을 느껴야 했어요. 직업 군인으로 한평생을 살아온 아버지에게 자신의 생각을 어떻게 말해야 할지 엄두가 나지 않았기 때문이에요.

평화 씨는 어릴 때부터 독실한 불교 신자로 살아오면서, 군대에 가서 타인의 생명을 빼앗는 훈련을 받는 것이 옳지 않다는 생각을 가지고 있었어요. 그래서 '양심적 병역 거부'를 할 계획을 가지고 있었지요.

어느덧 평화 씨는 대학을 졸업하게 되었고, 더 이상 군대에 가는 것을 연기할 수 없게 되자 자신의 결심을 가족들에게 털어놓았어요. 아들의 말에 아버지는 어이없다는 듯 헛기침만 했고, 어머니는 울음을 터뜨렸어요.

"그래. 네 말대로 군대가 사람을 죽이는 기술을 가르치는 곳이긴 하지. 하지만 우리나라처럼 북한이 언제 쳐들어올지 모르는 분단 국가에서 군대를 가지 않겠다는 건 비겁한 행동 아니냐? 나는 군인으로 한평생 조국을 지킨다는 자긍심으로 살아왔다. 그러면 너는 이 애비의 삶이 잘못되었다는 거냐?"

아버지의 목소리에는 실망감을 넘어 분노의 감정까지 실려 있었어요. 가족을 위해서 평생 헌신한 아버지가 자신에게 쏘아 대는 말을 들으면서 평화 씨의 마음은 찢어질 듯 아파 왔어요.

"저는 아버지의 삶이 잘못되었다고 생각하지 않습니다. 다만 모든 사람이 똑같은 생각을 가질 수는 없고, 각각의 다른 신념이 존중받아야 한다고 생각할 뿐입니다."

아들의 말에 아버지는 여전히 고개를 가로저으면서 이해가 안 된다는 표정을 지을 뿐이었어요.

"그러면 넌 적이 쳐들어와서 가족들에게 총을 겨누는 상황이 되어도 그냥 가만히 있겠다는 거냐? 게다가 '국방의 의무'도 저버리면서 어떻게 대한민국의 국민으로 살아가겠다는 거냐? 난 도저히 이해가 안 되는구나."

"아버지, 저는 국민으로서의 의무를 저버리겠다는 게 아닙니다. 제가 돈과 권력을 이용해서 군대 가는 것을 기피하는 것이 아니잖아요. 저는 다른 방식으로 이 사회에 기여하기를 바랄 뿐입니다. 군대에 가는 대신 그 기간 동안 도움의 손길이 필요한 사람들을 돌보라고 한다면, 전 기쁜 마음으로 기꺼이 그 일을 할 겁니다."

부모님에게 떨리는 음성으로 자신의 생각을 말하던 평화 씨는 숨을 고른 뒤, 계속 말을 이어 갔어요.

"아버지, 저 같은 사람이 많아지면 당장 적이 쳐들어올 거라고 말하는 건 과장된 거예요. 우리와 비슷한 상황에 놓인 대만은 우리나라보다 전쟁의 긴장감이 더 크고, 군사력도 중국에 비해 한참 뒤떨어집니다. 그렇지만 대만은 2000년에 양심적 병역 거부를 인정했어요. 여러 사람들의 우려와는 달리 군대 대신 봉사 활동을 택하는 사람은 아주 적습니다."

평화 씨의 결심이 굳다는 걸 깨달은 부모님은 묵묵히 그를 바라보기만 했어요. 평화 씨는 부모님의 눈빛에서 '양심적 병역 거부를 했을 때 사회에서 받게 될 차별과 냉대를 걱정하는 마음'을 읽을 수 있었어요. 평화 씨의 손을 꼭 잡은 어머니의 손이 가늘게 떨리고 있었지요.

몇 달 뒤였어요.

평화 씨는 자신과 뜻을 같이하는 사람들이 모인 단체의 도움으로 병역 거부를 선언하는 자리를 마련했어요. 모두 평화 씨를 쳐다보고 있었고, 평화 씨는 담담하게 준비해 온 글을 읽어 내려갔어요.

"제 결심은 불교를 공부하고 제 삶을 성찰하면서 시작되었습니다. 기도와 명상을 통해 제 삶이 수많은 생명들과 이웃들의 희생과 고통으로 얻어진 것이란 걸 깨닫게 되었습니다. 수많은 생명들의 아픔이 느껴졌고, 그 원인과 책임이 제게도 있으며, '나의 행동으로 더 이상 타인에게 고통을 주는 삶을 살아서는 안 된다.'라는 뼈저린 깨달음을 얻었습니다. 따라서 저는 타인의 생명을 빼앗는 것을 목적으로 하는 군사 훈련을 할 수 없다는 생각을 하게 되었습니다.

…… 물론 저는 이 나라의 국민입니다. 저의 믿음과 국민으로서의 의무 사이에서 많은 갈등을 했습니다. 그렇더라도 저는 제 믿음을 지키려고 합니다. 이로써 저는 범법자가 되고, 사회적 비난을 받으리란 걸 잘 알고 있지만, 한평생 양심의 가책을 느끼면서 살아가는 것보다는 낫다고 판단했기 때문입니다."

글을 다 읽은 평화 씨는 고개를 들어 앞을 보았어요. 그곳에는 부모님의 얼굴이 있었어요. 부모님의 눈가는 빨갛게 물들어 있었어요. 하지만 평화 씨를 향해 애써 미소를 지으면서 크게 고개를 끄덕이고 있었답니다.

'등대사 사건'을 알고 있나요?

우리나라의 양심적 병역 거부자들은 대부분 '여호와의 증인' 신자들이에요. 이들은 일제 강점기 때부터 양심적 병역 거부를 해 왔어요. 일본 제국주의가 만주를 군사적으로 강제 점령한 1930년대, 전쟁을 준비하던 일본 제국주의자들은 전쟁을 반대하는 여호와의 증인 신자들을 '애국심이 없는 광적인 평화론자'라고 비난했어요. 그리고 1939년 6월 일제는 조선 땅에서 여호와의 증인 신자들을 마구잡이로 잡아들었어요. 그때 체포된 여호와의 증인 신자들은 서른여덟 명이었는데, 당시 신자들 대부분이 잡힌 거나 마찬가지였지요. 이 중 다섯 명은 감옥 안에서 사망했고, 해방이 된 뒤 살아서 감옥 문을 나선 사람은 서른세 명이었어요.

일제 강점기 때 일본은 감옥에 갇힌 조선 수감자에게 악랄한 고문을 했던 것으로 악명이 높아요. 많은 혁명가들이나 목사들이 대부분 고문을 이기지 못하고 자신의 믿음을 저버렸지요. 그렇지만 여호와의 증인 신자들은 모두 끝까지 일본 제국주의의 전쟁에 반대하고, 전선에 나가기를 거부하는 자신들의 믿음을 지켰어요. 이것이 유명한 항일 운동으로 기록된 '등대사 사건'이에요.

"우리는 평화를 사랑하고 전쟁을 반대합니다!"

오늘날에도 여호와의 증인 신자들은 전쟁에 반대하고, 평화를 사랑해야 한다는 믿음을 굳게 지키고 있어요. 이 때문에 군사 독재 시절에는 반국가사범(나라에 반대하는 죄를 지은 죄인)으로, 지금은 국방의 의무를 다하지 않는다는 이유로 교도소에 가지요.

지금은 여호와의 증인 신자들뿐만 아니라 '평화를 사랑하고, 전쟁에 반대하는' 신념을 지닌 사람들이 양심적 병역 거부를 하고 있어요. 이들은 군대에 가서 총칼을 드는 대신 '대체 복무제'를 통해 다른 방식으로 사회에 기여하기를 바랍니다. '대체 복무제'란 군대에 가는 대신 양로원 등 사회 복지 시설에서 일하는 것으로 '병역의 의무'를 대신하도록 하자는 것이에요. 그러나 정부에서는 이들의 요구를 받아들이지 않고, 범죄자의 낙인을 찍어 버리지요.

어떤 이들은 '대체 복무제를 인정하면 모두 군대에 가지 않으려고 할 것이고, 이로써 군사력이 약화될 것이다.'라고 주장해요. 그렇지만 실제로 대체 복무제를 실시하고 있는 대만, 이스라엘, 핀란드를 보면 어느 나라에서도 이러한 문제가 일어나지 않았어요.

공정한 사회는 다양한 사상, 믿음, 종교를 인정하는 것에서부터 출발합니다. 하나의 기준만을 가지고 다른 생각들을 억압하는 사회는 올바른 민주 사회가 될 수 없어요.

8. 누구에게나 공평한 기회를 주어야 해요

영수의 합격 통지서

"영수야. 내 일 도와주는 건 그만하고, 얼른 들어가서 공부하렴. 다음 주부터 시험이라면서."

앞장서서 리어카를 끌고 있는 손자를 보는 할머니의 말투에는 미안함과 안타까움이 묻어 있었어요.

"괜찮아요. 시험공부는 거의 다 끝낸걸요. 학교에서 열심히 공부하고 있어요. 이번에도 전교 일등 할 거니까 걱정 마세요."

할머니를 안심시키려고 이렇게 말하긴 했지만, 영수는 요즘 부쩍 고민이 많아요. 친구들은 대부분 유명한 학원에 다니거나 과외를 받는데, 학교 수업만 받는 자신이 친구들보다 더 좋은 성적을 받을 수 있을지 걱정이 된 것이지요.

일찍 부모를 여읜 영수를 키운 건 할머니였어요. 할머니는 동네를 다니면서 모은 폐지와 빈병을 팔아 번 돈으로 영수를 키웠어요. 그리고 고등학생이 되도록 전교 일등을 놓치지 않는 손자는 할머니의 가장 큰 자랑이었지요.

"우리 손자가 좋은 집에서 태어났으면 얼마나 좋았을까? 그럼 제가 하고 싶은 일을 하면서 살 텐데. 애고, 불쌍한 것."

할머니는 영수가 잠든 머리맡에서 항상 이런 넋두리를 하곤 했어요. 영수는 가끔 이 같은 할머니의 푸념을 들으면서도 흐르는 눈물을 참으려 눈을 질끈 감고, 일부러 잠이 든 척했어요.

'할머니, 조금만 참으세요. 제가 꼭 호강시켜 드릴게요.'

힘들게 고생하면서도 손자를 위해서 뭐든지 하려고 애쓰는 할머니를 생각하면 영수는 잠시도 한눈을 팔 수 없었어요. 쉬는 시간에도 꿈쩍 않고 공부만 한 영수는 고등학교 1학년 때 모든 과목에서 일등을 차지했어요.

그렇지만 2학년이 되면서 영수는 예전보다 뒤처지는 것 같은 느낌이 들었어요. 조금 부족한 부분이 있어도 그것을 지도해 줄 사람이 없었거든요. 영수는 학원비를 벌기 위해 새벽에 신문 배달을 하기 시작했어요. 힘겹게 생활비를 버는 할머니에게 학원비까지 달라고 부탁할 수는 없었기 때문이에요.

그러던 어느 날이었어요.

"영수야, 나랑 잠깐 얘기 좀 할까?"

학원 수업을 마치고 집으로 갈 준비를 하던 영수를 선생님이 불렀어요.

"네 가정형편이 어렵다는 걸 최근에야 알았단다. 친구들한테 네가 신문 배달한 돈으로 학원을 다닌다고 들었어. 이제부터는 대학 들어갈 때까지 무료로 다녀라."

선생님의 제안에 영수는 고개를 저으며 대답했어요.

"선생님 말씀은 고맙지만…… 이대로 계속 수업료를 내겠습니다. 공짜로 학원에 다닌다는 건 자존심이 허락지 않습니다."

선생님은 피식 웃음을 짓고는 영수의 등을 두드려 주었어요.

"네가 정 그렇다면 수강료의 절반만 내고 다니렴. 나머지는 네가 사회에 나가서 돈을 벌게 되면 갚고."

그 뒤로도 학원 선생님은 영수에게 더 많은 관심을 보였고, 따로 시간을 내서 부족한 과목을 보충해 주기도 했어요.

영수는 학원 선생님의 보살핌에 마음이 따뜻해졌어요. 세상이 차갑고 살아가기가 어렵다고만 생각해 왔는데, 자신을 생각해 주는 또 한 사람이 있다는 게 정말 고마웠어요.

영수는 새벽에는 신문 배달을 하고, 학교에 가서는 공부를 하고, 집에 돌아와서는 할머니를 돕느라, 다른 친구들보다 몸이 더 힘들고 피곤했어요. 그렇지만 영수는 자신을 응원해 주는 사람들을 생각하면서 잠시도 공부를 게을리하지 않았어요. 하지만 목표로 하는 대학에 들어가기 위해서는 성적이 모자랐어요. 대학 입학시험이 다가올수록 초조함은 더욱 깊어만 갔지요.

그러던 중, 영수는 학원 선생님에게서 눈물이 날 만큼 기쁜 소식을 듣게 되었어요.

"영수야, 네가 가려고 하는 대학에서 '사회 배려 대상자 전형'이라는 걸 만들었다는구나. 너처럼 가정형편이 어려워도 열심히 공부하는 학생들을 선발하기 위한 제도란다. 네가 원하는 대학에 들어갈 수 있는 길이 열렸다."

선생님은 자신의 일인 양 흥분해서 영수를 얼싸안았어요. 영수는 선생님의 말에 자기도 모르게 눈물이 났어요. 그리고 다시 마

음을 부여잡고 열심히 공부했지요.

  서류 전형을 통과하고, 대학 교수님들 앞에서 떨리는 마음으로 면접을 보는 시간이 순식간에 지나갔어요. 얼마 뒤, 영수는 '대학 합격 통지서'를 받았답니다.

  합격 통지서를 거머쥔 영수는 얼른 동네 골목을 내달렸어요. 할머니에게 기쁜 소식을 가장 먼저 알리기 위해서였지요.

  "할머니, 저 대학에 합격했어요!"

  영수의 말에 할머니는 그 자리에 얼어붙은 듯 가만히 서 있었어요. 할머니의 두 눈에서는 하염없이 눈물이 흘러내리기 시작했어요.

기회는 누구에게나 평등하게 주어져야 해요

옛날에는 신분이 낮은 사람들은 과거 시험을 볼 기회가 아예 없었어요. 양반만 시험을 볼 수 있었지요. 그러나 지금은 모든 사람이 평등한 기회를 얻고, 능력이 뛰어나거나 남들보다 더 많이 노력하는 사람이 좋은 결과를 얻는 사회가 되었어요. 우리나라의 모든 학생은 똑같이 시험을 치르고, 그 결과에 따라서 대학에 진학해요. 누구에게나 평등한 기회가 주어지는 것이지요.

그러나 요즘 들어 부잣집 학생과 가난한 집 학생의 명문대 진학률이 크게 차이가 납니다. 예전에는 개천에서 용이 난다고 얘기했지만, 이젠 개천에서 지렁이도 나지 않는 시대가 되었다고 해요. 그만큼 교육에 많은 돈과 시간을 들인 학생이 좋은 대학에 갈 수 있는 확률이 훨씬 높아진 거예요. 누구에게나 평등한 기회가 주어지기는 하지만, 교육에 쏟는 돈(경제력)과 정보력이 크게 차이 나기 때문이지요. 왜 이런 일들이 벌어지는지 한번 생각해 볼까요?

부잣집과 가난한 집의 교육비 차이는 무려 6배!

　부잣집 학생이 가난한 집 학생보다 더 좋은 성적을 내는 이유에는 능력과 노력 외에 다른 요인이 작용해요. 가정형편, 교육비의 차이, 부모의 학력 수준 등이 양쪽의 차이가 벌어지게 만드는 중요한 원인이에요. 사람은 자신이 태어나는 집을 선택할 수 없어요. 그런데 부잣집과 가난한 집의 교육비 격차는 여섯 배가 넘고, 이 같은 차이는 해가 갈수록 점점 더 커지고 있어요. 말하자면 가난한 집 학생이 아무리 열심히 노력해도 부잣집 학생을 경쟁에서 이길 수 없는 사회가 되어 가고 있는 거예요.

　이런 사회는 공정한 사회도 아니고, 따라서 공정한 경쟁을 하기도 어려워요. 모든 사람들이 자신의 노력과 능력에 따른 결과를 인정하고 승자에게 박수를 쳐 주기 위해서는 공정한 경쟁이 보장되어야 해요. 가난한 집 학생들도 질 좋은 교육을 받을 수 있는 기회를 주고, 대학에 진학할 때도 이들을 위한 특별 전형을 만드는 것은 공정한 사회를 만들어 가기 위해 꼭 필요한 제도예요.

9. 사회적 약자에게는 특혜를 주어야 해요

까만 선글라스

찬우 아빠는 늘 까만 선글라스를 끼고 다닙니다. 어릴 때 사고로 눈을 크게 다쳐서 눈 주위가 다른 사람들과 조금 다르기 때문이지요. 찬우 아빠는 외출할 때면 항상 기다란 지팡이로 발 앞쪽을 확인하면서 '탁탁' 소리를 냅니다. 그래서인지 가끔 사람들이 아빠를 이상한 눈으로 쳐다보기도 해요.

그렇지만 찬우는 남들과 조금 다른 아빠의 모습이 전혀 부끄럽지 않았어요. 앞을 못 봐서 같이 공 던지기 놀이를 못 한다는 점만 빼고는 아빠는 찬우게 늘 다정한 데다, 특별한 직업을 가진 훌륭한 분이거든요.

"아빠, 일하시느라 피곤하셨죠? 제가 어깨 주물러 드릴게요."

찬우는 종종 아빠의 어깨를 주물러 드리곤 했어요. 그럴 때면 아빠는 항상 엷게 미소를 띠고 "우리 아들 솜씨가 전문가인 아빠보다 낫구나." 하고 칭찬했지요.

찬우 아빠는 유명 안마사예요. 아빠는 가족들을 먹여 살리기 위해서 열심히 일했어요. 날씨가 궂어도, 몸이 아프고 찌뿌둥해도 단 하루도 일을 쉬지 않았지요.

그런데 요즘 아빠의 얼굴이 예전처럼 밝지 않았어요. 잘 시간이 한참 지났는데도 한숨만 쉬면서 뭔가 고민하는 것 같았어요.

"아빠, 무슨 안 좋은 일이라도 있어요?"

아빠는 억지로 웃으며 아들의 머리를 쓰다듬었어요.

"걱정은 무슨. 손님들이 많이 와서 피곤해서 그런단다."

그렇지만 며칠이 지나도 아빠의 얼굴에선 예전처럼 웃음꽃이 피어나지 않았어요.

어느 날 얕은 잠이 든 찬우의 귀에 부모님의 대화가 들려왔어요.

"법이 바뀐다고 지금과 크게 달라지겠어요? 시각 장애인들이 해 오던 일을 갑자기 일반인들에게 맡기진 않을 거예요. 게다가 당신은 단골도 많으니 해고하지는 않을 거예요."

엄마의 위로에도 아빠는 한숨만 쉬었어요.

"두 눈 잘 보이는 멀쩡한 사람을 쓸 수 있는데, 어떤 사장이 우리같이 눈이 안 보이는 사람들을 쓰겠어? 벌써부터 두세 사람이 이번 달까지만 출근하라는 말을 들은 모양이야."

"그래도 괜히 다른 사람들처럼 데모한다고 다니진 마세요. 그러다 사장 눈 밖에 나거나 다치면 어떡해요."

엄마는 말을 마친 후 감정이 북받친 듯 울먹거렸고, 아빠는 그런 엄마를 가만히 다독거려 주었어요.

며칠 뒤, 아빠는 온몸이 흠뻑 젖어서 집으로 돌아왔어요. 자신을 가만히 지켜보는 엄마의 시선을 느꼈는지 아빠가 낮은 목소리로 말했어요.

"얼마 전 직장에서 해고된 사람이 자살했대. 그래서 너무 속상해서 말 좀 들어 달라고 높으신 분들 찾아갔더니 물대포를 마구 쏘아 대더군. 그래서 옷이 젖은 거야."

그날 이후로 찬우 아빠는 시간이 날 때마다 다른 시각 장애인 안마사들과 함께 정부 청사로 찾아갔고, 그때마다 물을 흠뻑 뒤집어쓰거나 옷이 찢어진 채로 돌아왔어요.

그러자 동네 사람들이 수군거리기 시작했어요.

"옆 동네 사는 맹인 양반 있잖아. 그 사람 요즘 왜 이상한 꼴로 다녀? 저번에 보니까 옷까지 다 찢어졌던데?"

"나라에서 법을 바꾸려고 하는데, 그거 반대한다고 요즘 발바닥이 닳도록 쫓아다닌대."

"원래 나라에서 안마사 자격증을 시각 장애인들에게만 줬다면서? 그런데 이번에 일반인도 안마사가 될 수 있게 하는 법을 만들려고 하는 거래."

"나라에서 하는 일이면 다 이유가 있겠지. 자기들 밥그릇 뺏길까 봐 그 난리를 피우는 거 아냐?"

순식간에 찬우 식구는 '자기 이익밖에 모르는 이기주의자'로 낙인 찍혔어요. 그런 사람들의 눈길도 무섭고 힘들었지만, 찬우는 아빠의 건강이 더 걱정스러웠어요.

'앞도 못 보시는 아빠가 혹시라도 잘못되면 어쩌나.' 하는 생각이 든 찬우는 아빠가 데모를 하고 있다는 곳을 찾아갔어요.

그곳에서 찬우는 한 아저씨의 영정 사진을 들고 있는 아빠의 모습을 보았어요. 사진 속 아저씨는 가끔 집에도 찾아와 찬우에게 용돈도 주곤 하던 분이었어요.

그때였어요. 찬우의 귀에 호루라기 소리와 큰 고함소리가 들려왔어요. 찬우는 끌려가지 않으려고 저항하는 아빠의 동료들과 그

주위를 에워싼 수많은 경찰들을 볼 수 있었어요. 그 사이로 영정 사진을 꼭 끌어안은 채, 꼼짝 않고 앉아 있는 아빠의 모습이 찬우의 눈에 잠깐 잡혔다가 곧 사라졌지요.

직업 선택의 자유와 사회적 약자의 생존권 중
무엇이 더 먼저일까요?

세상의 수많은 직업 중에서 '안마사'는 시각 장애인이 가장 잘할 수 있는 직업이라고 세계에서 인정하고 있다고 해요. 대만에서는 시각 장애인만이 안마사를 할 수 있고, 일본은 안마사 열 명 중 일곱 병이 시각 장애인이에요.

우리나라에서는 몇 년 전 '안마사 자격증을 시각 장애인에게만 준다.'는 의료법 제82조 1항이 잘못된 것이라며 문제를 제기한 사람들이 있었어요. 그 사람들은 시각 장애인만 안마사가 되는 것은 사람들의 '평등권(평등한 권리)'을 어기는 것이고, 또 직업 선택의 자유를 보장하지 않는 것이라고 주장했지요. 이에 안마사로 일하는 시각 장애인들은 "눈이 보이지 않아 안마사를 빼고는 할 수 있는 일이 거의 없으며, 눈이 보이는 사람들이 안마사를 할 수 있게 되면 자신들은 굶어 죽게 될 것"이라고 하소연했어요. 과연 누구의 주장이 더 옳을까요?

사회적 약자에게 혜택을 주는 것이 진정한 평등!

　민주 사회에서 가장 중요하고 꼭 지켜야 할 가치는 '자유'와 '평등'이에요. 내가 하고자 하는 일을 누군가 하지 못하게 방해하면 안 되고, 모든 사람들은 평등한 존재로 대접받아야 해요. 이런 점에서 본다면 시각 장애인만 안마사가 될 수 있다고 한 법은 잘못으로 보입니다.

　하지만 이때 우리는 가장 중요한 점을 잊고 있는 것은 아닐까요? 바로 자유는 모든 사람이 평등하게 누릴 수 있어야 하고, 모두 고르게 자유를 누리기 위해서는 사람들 사이의 차이를 인정해야 한다는 점이지요.

　눈이 보이지 않는 사람이 할 수 있는 직업은 아주 적어요. 모든 사람에게 직업의 자유를 보장해 주기 위해서 시각 장애인과 시각 장애인이 아닌 사람이 무한 경쟁을 하라고 하는 것을 잘못이에요. 그것은 거북이와 토끼에게 달리기 경주를 시키는 것과 마찬가지지요. 땅을 달리는 두 발 동물 토끼와 바닷속을 유유히 헤엄치는 거북을 놓고 똑같은 경주를 시키는 것 자체가 잘못이거든요.

　그러므로 몸이 불편한 사람도 마음껏 일을 하며 살아갈 수 있는 세상, '사회적 약자'를 배려하는 세상, 그것이 바로 인간의 존엄성을 추구하는 민주 사회가 아닐까요?

10. 일자리 보장이 공정한 사회를 만들어요!

아빠가 송전탑에 올라간 이유

"상범아, 얼른 나와. 빨리 아빠한테 가야지. 배고프시겠다."

엄마의 재촉에 상범이는 얼른 외투를 챙겨 입고 밖으로 나왔어요. 그러고는 아빠에게 건네 줄 도시락을 품에 꼭 안고 차에 올라탔어요. 오랫동안 보지 못한 아빠를 보러 간다는 생각에 상범이 볼이 흥분으로 불그레해졌어요.

"그런데 엄마, 아빠 춥지는 않데? 거기 바람 많이 불 텐데."

상범이의 걱정에 엄마는 '그러게 말이다.' 하면서 한숨을 쉬었어요. 지금 상범이 아빠가 있는 곳은 전에 일하던 공장 앞에 있는 송전탑 위예요. 아빠가 찬바람이 씽씽 부는 높은 곳에서 지낸 지 벌써 한 달이 훌쩍 넘었어요. 그동안 상범이는 또래 아이들에 비해 빨리 철이 들었어요. 이제는 왜 아빠가 고압 전류가 흐르는 위험한 송전탑 위에 올라가야 했는지 알기 때문이에요.

한 달 전만 해도 상범이네는 평범한 가정이었어요. 아빠는 열심히 회사에 다니고, 엄마는 알뜰살뜰 집안 살림을 했지요. 그런데 회사 사정이 어려워지면서 수백 명의 노동자들이 갑작스레 해고되었어요. 노동조합 활동을 한다는 이유로 높은 분들의 눈 밖에 나 있던 상범이 아빠도 직장에서 쫓겨났지요.

"어떻게 우리에게 이럴 수가 있습니까? 회사가 어려울 때 참고 견디면서 함께 위기를 극복했던 우리 노동자들을 이런 식으로 쫓아내다니요?"

"당장 직장에서 해고되면, 우리 식구들은 어떻게 살란 말입니까? 다른 직장을 알아볼 시간이라도 주셔야죠."

상범이 아빠를 포함한 수백 명의 해고자들은 회사 측의 일방적인 해고 통고에 몹시 분노했어요. 평생 직장이라 생각하고 몸 바쳐 일했는데, 자신들을 헌신짝처럼 내버린 회사의 결정에 크게 상처를 입었기 때문이었지요.

다행히 해고되지 않고 계속 회사에 다닐 수 있게 된 노동자들은 가슴을 쓸어내렸어요. 그렇지만 출퇴근할 때마다 회사 정문에서 '부당 해고를 철회하라!'라는 팻말을 들고 서 있는 예전 동료들을 보는 것은 정말 고통스러운 일이었어요.

상범이 엄마는 갑자기 실직한 아빠를 대신해서, 이곳저곳 일자리를 찾으러 다녔어요.

"글쎄요. 살림만 하시던 분이 하실 수 있는 일이란 게 마트 시식 코너에서 일하는 자리밖에 없는데요. 그거라도 괜찮으시겠어요?"

"네. 지금 좋은 자리, 나쁜 자리를 고를 처지가 아니어서요."

곧 울 것 같은 표정으로 대답하는 엄마를 바라보던 직업 소개소 직원은 머리를 긁적이면서 이런 말을 덧붙였어요.

"저기, 그 일자리도 날마다 출근하는 게 아니에요. 주말에 바쁠 때만 하는 아르바이트 자리입니다. 뭐, 당장 급하면 우선 그거라도 하시지요."

엄마는 주말마다 마트로 출근했고, 상범이는 집에서 엄마를 찾으며 울어 대는 어린 동생을 달래느라 여간 고생이 아니었어요. 항상 따스한 온기가 넘치던 집안 분위기가 냉랭하게 변하는 데는 많은 시간이 걸리지 않았어요.

그러던 어느 날, 상범이는 한밤중에 자신의 어깨를 흔드는 엄마의 손길 때문에 잠에서 깨어났어요. 얼굴이 하얗게 질린 엄마는 아직 잠이 덜 깬 상범이를 데리고 급히 병원으로 갔어요. 그곳에는 등에 'ㅇㅇ자동차'라고 쓰인 아빠의 작업복과 똑같은 옷을 입은 많은 아저씨들이 서성대고 있었어요.

"의사 양반. 여기 빨리 와야 한다니까."

"여기 이 사람 먼저 치료해 줘요! 피를 많이 흘렸어."

병원 응급실을 가득 채운 웅성거림과 역한 피 냄새 사이로 아빠 얼굴이 보였어요.

"당신, 괜찮아요? 어디 다친 데는 없어요?"

"난 괜찮아. 겨우 팔 한쪽 다친 것뿐인데, 뭐. 생명이 위독한 사람들도 있어."

아빠의 말에 엄마가 병원 벤치에 털썩 주저앉았어요.

그날 이후로 마을에는 흉흉한 소문이 돌기 시작했어요. '누구네 아빠가 자살했대.', '누구네가 이혼해서 다른 곳으로 이사 간대.' 하는 소식이 하루가 멀다 하고 들리기 시작했어요. 상범이랑 가장 친한 친구였

던 영호도 다른 지방으로 이사를 갔어요. 왜 이런 일들이 벌어지는 상범이는 잘 이해되지 않았어요. 간혹 텔레비전 뉴스에서 아빠가 다니던 회사에 대한 이야기가 나오긴 했지만 그것도 잠시뿐, 세상 사람들은 이곳에서 벌어지는 일에 전혀 관심이 없는 듯했어요.

결국 상범이 아빠는 다른 동료 두 명과 함께 회사 앞에 있는 높은 송전탑 위에 올라가기로 결심했어요. 그 전날, 아빠는 상범이를 불러 단단히 다짐을 받았어요.

"상범아, 아빠는 한동안 집에 못 올 거야. 네가 맏이니까 책임지고 엄마와 동생을 돌봐야 한다. 아빠 말 잘 알겠지?"

말없이 고개를 끄덕이는 상범이를 보던 아빠가 고개를 돌렸어요. 아빠 눈에 눈물이 맺혀 있었어요.

"세상 사람들에게 여기서 무슨 일이 벌어지고 있는지 알리려면 이 방법밖에 없단다. 미안하구나, 어린 너에게 너무 일찍 세상의 비정함에 대해 알려 줘서……."

아빠는 말을 끝맺지 못하고 한참을 가만히 있었어요. 상범이는 그런 아빠를 얼싸안았어요.

"아빠, 저는 아빠가 올바른 일을 하시는 걸 알고 있어요. 그러니까 너무 걱정 마세요. 우리 집안은 제가 지킬게요."

다음 날 눈을 떴을 때, 아빠는 이미 떠난 뒤였어요. 며칠 뒤, 상범이는 텔레비전 뉴스에서 아빠 얼굴을 보았어요. 턱수염이 가득 난 아빠가 텔레비전 속에서 밝게 웃고 있었어요. 그 뒤, 정부의 높으신 분들이 회사에서 해고당한 사람들에 대해 조사하기 위해 마을에 온다는 소식이 들렸답니다.

'아, 이번엔 아빠가 회사에 다시 다니게 되었으면 좋겠다. 그럼 우리 집도 예전처럼 행복하게 살 수 있을 텐데.'

상범이는 이런 생각을 하면서 습관처럼 아빠가 있는 송전탑 쪽으로 눈길을 돌렸어요.

왜 송전탑에 올라가 농성을 벌였나요?

경기도 평택시에는 쌍용 자동차 공장이 있어요. 2009년 약 76일간 부당하게 해고당한 노동자들이 이곳 공장 안에서 농성을 벌였어요. 파업 기간 동안 회사 쪽은 노동자들이 제안한 협상을 거부했어요. 그러고는 공장 안의 전기와 수돗물이 공급되지 않도록 끊어 버리고, 노동자들에게 음식과 의약품이 전달되지 못하도록 끊임없이 방해했지요.

정부는 노동자들을 범죄자로 취급하며 경찰 병력을 투입해서 무력으로 노동자들을 강제로 해산시켰을 뿐만 아니라, 64명의 노동자들을 구속했어요.

졸지에 일자리를 잃고, 계속되는 어려움으로 가족과 친구를 잃은 해고 노동자들은 힘겨운 시간을 보내다가 지금까지 23명이 스스로 목숨을 끊었어요. 이에 해고된 노동자를 다시 회사로 돌려보내라며 송전탑에 올라가 농성을 벌인 것이지요.

스웨덴의 볼보 자동차 회사가 설치한 특별 팀

'볼보(VOLVO)'는 북유럽에 위치한 스웨덴의 대표적인 자동차 회사예요. 이 회사도 2008년 세계적인 금융 위기로 심각한 경영난을 겪었어요. 볼보는 2008년 2,900명의 노동자를 해고할 것이라는 계획을 발표했어요. 그런데 해고 계획 발표 후, 볼보 회사 측과 정부는 일자리를 찾아 주는 특별 팀을 마련해 직장을 잃은 사람들에게 알맞은 일자리를 찾아 주었답니다. 그렇지 못한 사람에게는 다른 일자리를 찾거나 복직이 될 때까지 생활이 가능하도록 충분한 돈도 지급했지요. 그 뒤 2,900명의 해고 노동자 중 60퍼센트인 1,700명의 노동자를 일 년 안에 다시 복직시켰어요.

스웨덴 정부가 이런 노력을 한 이유는 노동자들에게 '해고는 곧 사회적 사형 선고'라는 점을 알고 있었기 때문이에요. 그리고 일자리를 보장해 주는 사회가 인간으로서의 존엄성과 생존권을 보장해 주는 공정한 사회라는 점을 깨닫고 있었기 때문이에요.

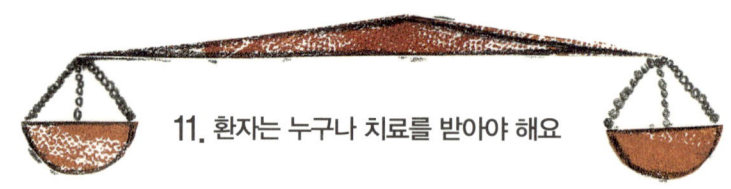

11. 환자는 누구나 치료를 받아야 해요

영희와 아빠의 배낭여행

"영희야, 조금만 참아. 이제 곧 차가 올 거야."

아빠의 말에 영희는 아무렇지도 않다는 듯 웃음을 띠며 고개를 끄덕였어요. 하지만 실제로는 무더위에 지쳐서 말 한마디 할 기운도 없었어요.

영희는 아빠와 함께 배낭 하나 달랑 메고 인도차이나 반도의 여러 나라들을 여행하는 중이에요. 배낭여행을 가 보자는 아빠의 제안에 엄마는 초등학교 4학년인 영희에게는 무리라면서 말렸지만, 평소 책과 텔레비전에서 봐 왔던 여행자들의 자유로운 모습을 꿈꿔 왔던 영희는 덥석 함께 가겠다고 대답했지요.

하지만 막상 배낭여행을 해 보니 영희가 머릿속으로 상상했던 것과는 너무나 달랐어요. 특히 인도차이나 반도에서 후진국에 속하는 나라에 들어서자 영희는 할 말을 잃고 말았지요. 비포장도로에서는 흙먼지 바람이 날리고 있었고, 버스 정류장에는 변변한

그늘 하나 없었어요.

한참을 기다린 끝에 조그만 버스가 한 대 도착했고, 기다리던 여행객들과 함께 차에 올라탔어요. 덜컹거리는 차 때문에 엉덩이가 아팠지만, 영희는 이내 차창 밖으로 펼쳐지는 낯선 모습에 정신을 빼앗겼어요. 울창한 수풀 속에 드문드문 자리한 길 옆 집들은 한눈에 보기에도 상당히 허름했어요. 차가 내달리는 내내 창밖을 보던 영희가 불쑥 물었어요.

"그런데 아빠, 여기 사람들은 왜 저런 더러운 물웅덩이에서 목욕을 하는 거예요?"

"이 나라는 시골에선 수돗물이 나오지 않는 곳이 많아서 저런 곳에서 씻는 거야. 어디 그뿐이냐? 저 물을 먹기도 한단다."

"뭐라고요? 저 물에서 지금 돼지도 같이 씻고 있는데요? 사람들이 정말 저 물을 마셔요?"

"그래, 참 안타까운 일이지? 더러운 물을 마셔서 이곳 아이들은 전염병에 쉽게 걸리기도 한단다. 그래서 다른 나라 사람들이 돈을 모아 깨끗한 우물을 파 주기도 해."

영희에게는 더 이상 창밖으로 보이는 풍경이 낭만적으로 보이지 않았어요. 안타까운 마음으로 창밖을 보던 사이, 버스는 어느새 목적지에 도착했어요. 세계적으로 유명한 유적지가 있는 큰

도시는 지금까지 보아 온 시골 풍경과는 아주 달랐어요. 잘 포장된 도로와 그 위를 쌩쌩 달리는 많은 차들, 깨끗하고 큰 건물들이 눈에 들어왔어요.

아빠가 몇 번을 다녀갔다는 여행자 숙소의 사장님은 오랜만에 오는 아빠가 반가운지 두 팔 벌려 환영해 주었어요.

다음 날부터 영희와 아빠는 유적지를 돌아다녔고, 무려 천 년 전에 세워졌다는 유적지의 웅장함과 아름다움에 영희는 감탄을 금치 못했어요.

오토바이를 개조한 차량인 '툭툭'을 타고 숙소로 돌아오는 길에 영희는 교통사고 현장을 목격했어요. 그런데 구급차가 올 것이라는 영희의 예상과는 달리, 사람들은 피를 흘리고 쓰러진 피해자를 '툭툭'에 태워 급히 그 자리를 떠나는 게 아니겠어요?

"어? 저렇게 다친 사람을 막 태우고 가도 되는 거예요?"

"피해자 옷차림을 보아 하니 잘사는 사람은 아닌 것 같은데, 제대로 치료나 받을 수 있을지 걱정이구나."

"무슨 말이에요, 아빠? 저렇게 크게 다쳤으니 당연히 병원에

가서 치료를 받겠죠."
아빠가 안타까운 표정을 지었어요.
"이렇게 어려운 나라에서는 몇몇 잘사는 사람들을 제외하고는, 병에 걸리거나 사고가 나도 제대로 된 치료를 받기 어렵단다. 나라에서 치료비를 어느 정도 내주는 '건강보험제도'가 있는 것도 아니고, 가난한 사람들을 위한 '무료 진료소' 같은 곳이 있는 것도 아니니까……."

그 말에 영희는 아까 길을 지나면서 보았던 걸인들이 떠올랐어요. 관광객들에게 구걸을 하던 사람들은 대부분 팔다리가 없거나 휘어져 있었지요.

"그러면 아까 길거리에서 구걸하던 사람들도 치료를 못 받아서 그런 거예요? 가난한 사람은 병에 걸리면 아픈 채로 그냥 살거나 죽으라는 뜻이에요? 정말 말도 안 돼요!"

영희는 너무 화가 났어요. 몸이 아플 때 치료를 받아야 하는 건 살아가기 위한 가장 최소한의 조치예요. 그런 기본적인 의료 제도마저 없다는 사실이 영희를 화나게 했어요.

"전 세계에는 아직도 그런 나라들이 많단다. 부패한 정부가 국민의 건강에 대해 신경을 쓰지 않는 거지. 세계에서 제일 강대국인 미국도 사실 여기와 크게 다르지 않단다. 거기서도 가난

한 사람들은 병에 걸려도 치료를 받지 못해. 좋은 직장은 가진 사람만 의료 보험 혜택을 받을 수 있거든."

영희의 눈이 동그랗게 커졌어요.

"에이, 그런 일이……. 정말이에요? 말도 안 돼요!"

"안타깝지만 사실이란다. 미국은 정부가 국민의 건강을 보장하는 사회 복지 제도가 없어서 개인이 회사에 보험을 들어야 하는데, 가난한 사람은 돈이 없어서 보험을 들 수 없는 거야."

"우리나라는 그나마 건강 보험이 있어서 다행이네요."

"그렇지. 하지만 우리나라의 건강 보험도 한계가 있단다. 돈이 많이 드는 질병에 대해서는 국가가 지원을 잘 안 해 주거든. 그런데 유럽 선진국들 중에는 어떤 병에 걸려도 국가가 무료로 치료를 해 주는 곳도 있어. 우리나라도 하루 빨리 그런 제도가 만들어져야 할 텐데."

아빠의 말에 영희는 우리나라에서도 병원비가 없어서 제대로 치료를 못 받는 사람들이 있다는 사실을 알게 됐어요. 영희는 돈이 없어서 치료를 못 받는 사람들이 생기지 않도록 자기가 힘을 보태야겠다는 생각을 했어요.

유럽 선진국의 의료 복지 제도를 닮자!

영국, 프랑스, 독일 같은 서유럽 선진국과 스웨덴, 핀란드 같은 북유럽 선진국은 세계에서도 복지 제도가 가장 잘 마련되어 있는 나라예요. 모든 국민의 건강을 책임지는 '국가 의료 서비스'가 시행되는 곳이지요. 특히 영국은 제2차 세계 대전으로 온 나라가 폐허가 되었던 1948년에 국가 의료 서비스(NHS)를 시행했고, 의료 서비스를 제공하는 영국의 병원에는 병원비를 받는 창구가 아예 없어요. 아프면 몇 년이고 무료로 병원에서 치료받을 수 있지요. 프랑스에서는 한밤중에 환자가 생기면, 의사가 직접 집으로 찾아오는 무료 왕진 서비스도 받을 수 있답니다.

환자라면 누구나 치료받을 수 있는 사회를 만들어요!

'의료 복지 제도를 하려면 돈이 많이 들 텐데요? 그러면 우리 엄마, 아빠가 지금보다 더 많은 세금을 내야 하잖아요?' 하고 생각하는 친구가 있을지도 모르겠네요. 아마 여러분 부모님들 중에도 세금을 더 내야 한다면 질색하는 분들도 있을 거예요.

가난한 사람도, 부자도 마음 놓고 치료받을 수 있도록 한 '의료 복지 제도'는 저절로 이루어지는 게 아니에요. 프랑스에서는 소득의 12퍼센트를 건강 보험료로 납부해요. 영국도 소득의 20~45퍼센트를 세금으로 지불하고, 이렇게 모인 세금으로 복지에 필요한 돈을 마련하지요.

어떻게 생각하면 이 같은 제도가 불합리하게 여겨질 수도 있어요. 부자인 사람들은 그만큼 남보다 더 많은 돈을 내야 하니까요. 이 때문이 미국 같은 나라에서는 '내가 내는 돈만큼 의료 서비스를 받는 것이 옳다.'라는 생각을 가지고 있어요. 하지만 이런 생각대로라면 가난한 사람들은 아무런 치료도 받지 못할 거예요. 실제로 미국에선 병원비가 없어서 길거리에 버려지는 환자들도 많아요. 우리나라에서도 병원비가 없으면 수술을 아예 하지 못하거나 치료도 제대로 받지 못하고 병원에서 쫓겨나고 말아요. 과연 이런 사회가 '좋은 사회'일까요?

아픈 사람은 치료받아야 하고, 생명을 살리는 게 귀한 일이라는 것은 모두가 알고 있는 상식이에요. 그러므로 그런 상식이 통하는 사회가 공정한 사회이고, 살아갈 만한 좋은 사회일 거예요.

12. 누구에게나 집이 필요해요

판자촌과 포크레인

"내일부터 선생님 가정 방문하는 거 알고 있지요? 지금 나눠 준 통신문을 꼭 부모님께 전해 드려야 해요."

종례 시간에 담임 선생님이 학생들에게 당부했어요.

성규는 학교를 마치고 집으로 돌아가는 길에 계속 한숨만 나왔어요. 성규는 가정 통신문을 할머니에게 드려야 할지, 아니면 자기가 내일 선생님에게 '제발 저희 집은 방문하지 마세요.'라고 말씀드려야 할지 판단하기가 어려웠어요.

어느덧 아이들이 각자 집으로 돌아가고 혼자 남은 성규는 눈을 들어 친구들이 사라진 골목을 바라봤어요. 그곳에는 고급스러운 고층 건물들이 빼곡히 들어서 있었어요. 건물 유리창에서 반사된 빛이 번쩍거리면서 '어때? 나 멋지지 않아?' 하고 성규에게 밀을 거는 것 같았어요.

강남에서도 가장 비싸다는 아파트들이 나란히 늘어선 것을 바라보면서 성규는 '저기가 우리 집이었으면 좋겠다,' 하고 생각했어요. 고급스러운 아파트 단지를 지나 약 20분을 더 걸어서 성규는 집에 도착했어요. 허름한 판잣집들이 빼곡히 들어서 있는, 옛날 드라마에서나 나올 법한 동네예요. 성규가 어둡고 좁은 골목길을 한참 걸어가는데, 집 앞에서 자기를 기다리고 있는 할머니를 보았어요.

"에이, 할머니. 다리도 아프면서 왜 또 나와 있어요? 저 기다리신 거예요?"

성규를 보자 반가운지 할머니의 주름이 따라 웃었어요.

"우리 손주 왔구나, 왔어. 배고프지? 어여 들어가 밥 먹자."

"할머니, 추우니까 빨리 집으로 들어가세요."

거리에는 봄꽃들이 환하게 피어나는데, 유독 성규가 사는 마을만은 봄이 비켜 간 듯 여전히 싸늘하기만 했어요.

"할머니, 제가 전기장판 켜 드릴게요."

허리와 무릎이 좋지 않은 할머니를 위해 연탄불이라도 때고 싶었지만, 작년 겨울 자선 단체에서 받았던 연탄은 벌써 다 떨어진 지 오래예요. 얇은 판자벽인 탓에 방 안은 냉기로 가득 차서 입에서 나오는 김이 그대로 보일 정도였어요. 햇볕이 잘 들지 않는 단칸방이었지만, 할머니와 몸을 누일 수 있는 집이 있다는 것만으로도 성규는 고마웠어요. 얼마 전까지만 하더라도, 무서운 아저씨들이 마을 주민들을 쫓아내기 위해 밤낮으로 찾아왔을 때는 정말 막막하기만 했거든요.

"할머니, 담임 선생님이 가정 방문을 하신대요. 그냥 오시지 말라고 하는 게 낫겠지요?"

할머니를 꼭 안고 있던 성규는 조심스레 말을 꺼냈어요. 할머니는 아무 말 없이 고개만 끄덕였어요.

다음 날, 수업을 모두 마친 뒤 성규는 교무실로 찾아갔어요.

"저, 선생님……."

뭔가 할 말이 있다는 듯이 쭈뼛거리기만 하는 성규를 보곤 선생님이 웃으면서 물었어요.

"그래, 성규야. 무슨 일이니? 할 말이 있는 거야?"

"그게……. 실은 제가 부모님이 안 계시거든요. 할머니랑 둘이 사는데, 할머니가 아프셔서 저희 집에는 오시지……."

힘없이 고개를 숙이고 더듬더듬 말하는 성규를 가만히 바라보던 선생님은 성규의 어깨를 두드리면서 말했어요.

"정 그렇게 힘들다면 안 갈게. 그나저나 네가 힘들겠구나."

선생님의 대답에 성규를 마음을 놓았어요. 선생님이 초라한 판잣집을 보시면 어떡하나 혼자서 한참을 걱정했거든요. 그동안 혹

시라도 '무허가 판자촌에 사는 아이'라는 소문이 날까 봐 같은 반 아이들에게도 자기 집이 어디인지 숨겨야 했어요. 그래서 친구들이 생일잔치에 초대할 때도 일이 있다며 가지 않았고, 자기 집에도 친구들을 초대하지 않는 좀 별난 아이가 될 수밖에 없었지요.

그렇게 조심했는데도 얼마 전 성규는 자기가 사는 곳을 들킬 뻔했어요. 철거반원들이 나타나서 동네 사람들을 쫓아내려고 할 때였지요.

"어제 뉴스 봤어? 우리 동네 바로 옆에 그런 판자촌이 있다는 건 처음 알았어."

"그러게. 근데 그 사람들은 왜 싸우고 난리야? 뉴스 보니까 엄청 무섭던데. 혹시 우리 동네로 오는 건 아니겠지?"

"뭐, 어때? 우리 동네로 오면 먹을 거나 좀 줘서 보내지. 텔레비전에서 보니까 완전 거지꼴이던데. 좀 불쌍하기도 하더라."

반 아이들은 신이 나서 제멋대로 떠들어 댔어요. 성규는 혹시라도 뉴스에 자기 얼굴이 나왔을까 봐 긴장해서 귀가 쫑긋 섰어요. 다행히도 성규 얼굴이 카메라에 잡히지는 않았다는 데 안심할 무렵, 한 아이의 말에 화가 폭발했어요.

"우리 엄마가 그러는데, 그것들 때문에 우리 아파트 값이 떨어지는 거래. 그 따위 판자촌은 포크레인으로 싹 밀어 버려야 한

대."

성규는 벌떡 일어나 그 아이 쪽으로 다가가서 고래고래 소리를 질렀어요.

"뭐, 어쩌고 어째? 포크레인으로 밀어 버려야 한다고? 그 사람들이 너한테 무슨 잘못을 했다고 그러는 건데?"

성규의 기세에 눌려 그 아이가 찔끔했어요.

"이성규! 너 왜 흥분하고 그래? 너, 혹시 그 판자촌에 사냐?"

다른 아이가 성규에게 말했어요. 성규가 아차 싶어서 정신을 차리고 보니, 반 아이들 모두 멍한 표정으로 자기를 바라보고 있었어요.

그날, 성규는 학교가 끝나기도 전에 집으로 왔어요. 집으로 오는 길에 여전히 번쩍거리고 있는 고층 건물들을 보면서, 성규는 알 수 없는 슬픔에 울음을 터뜨렸어요. 길가에서 울고 있는 성규에게 지나가던 어른들이 '무슨 일이냐? 집이 어디냐?' 하면서 물어 봤어요. 하지만 성규는 고개를 가로저을 뿐, 자기 집이 여기서 불과 2킬로미터 남짓 떨어진 판자촌이라는 것을 말할 수 없었어요.

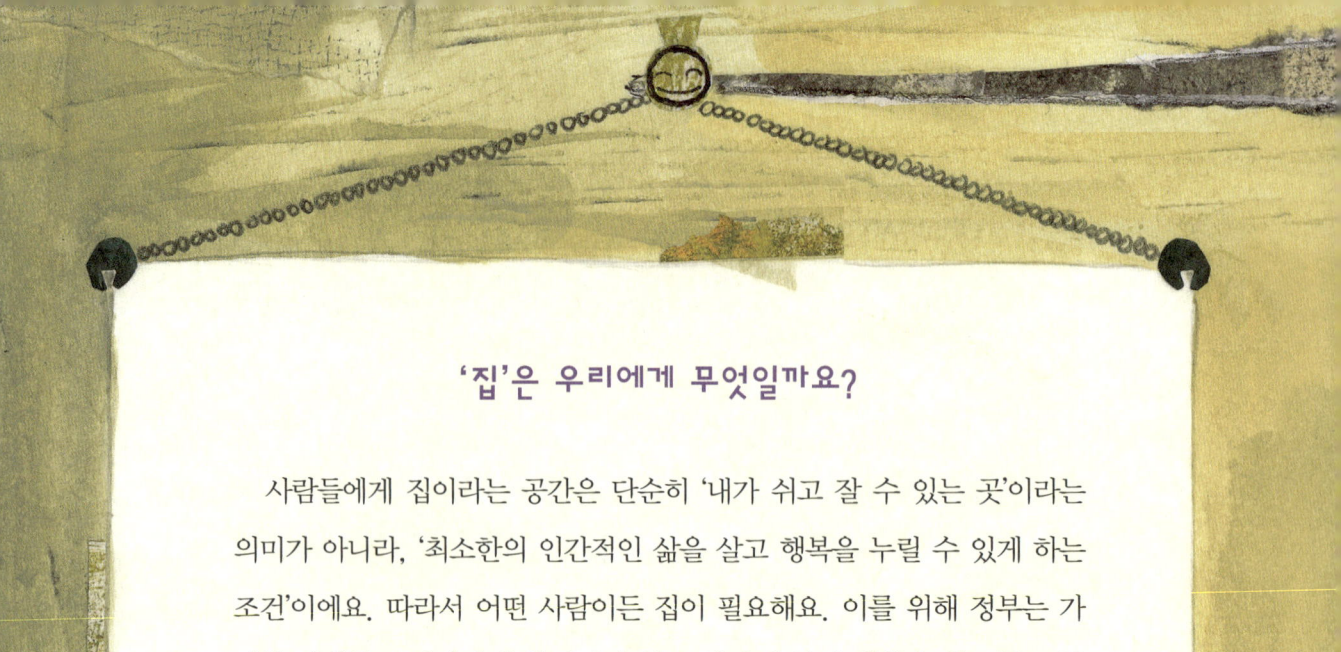

'집'은 우리에게 무엇일까요?

　사람들에게 집이라는 공간은 단순히 '내가 쉬고 잘 수 있는 곳'이라는 의미가 아니라, '최소한의 인간적인 삶을 살고 행복을 누릴 수 있게 하는 조건'이에요. 따라서 어떤 사람이든 집이 필요해요. 이를 위해 정부는 가난한 사람들도 길거리에 쫓겨나지 않고 안정된 주거 생활을 하도록 모든 노력을 다해야 하지요.

　하지만 우리나라의 현실은 어떠한가요? 안타깝지만 한국 사회에서 '집'은 서민들의 꿈이자 부담입니다. 월급에 비해 집값이 턱없이 높아요. 오죽하면 '하우스 푸어(집은 있지만, 집값의 대부분은 빚인 가정)'라는 말이 나올까요? 안정된 거주 공간을 갖는 것이 그만큼 어렵다는 뜻이지요. 정부에서 공공 임대 주택을 짓고는 있지만 턱없이 부족한 편이고, 임대료도 서민들에겐 비싼 편이서 극빈층에겐 그림의 떡이나 다름없어요.

복지 선진국의 주택 정책은 어떤가요?

먹고, 자고, 입는 것은 사람이 살아가기 위해 꼭 필요한 것입니다. 그중에서도 집을 마련하는 것은 가난한 사람들에게는 참으로 힘든 일이죠. 그래서 유럽의 복지 선진국들은 '사회 주택 제도'를 만들었어요. 사회 주택 제도는 모든 국민들이 집을 가질 수 있도록 만든 제도예요. 새로 짓는 주택 중 일부를 나라가 사서 집이 없는 가난한 사람들에게 무료로 집을 빌려 주는 것이지요.

이 나라들도 처음부터 이 같은 '사회 주택 제도'가 있었던 것은 아니에요. 하지만 모든 사람들에게 공정한 기회가 주어져야 하고, 그 공정한 기회는 '먹고, 입고, 자는' 최소한의 인간다운 생활을 누리는 것에서 출발해야 한다고 생각했기 때문에 이런 제도를 만들게 된 거예요.

누구는 배불리 먹으며 멀쩡한 음식을 마구 내다 버리고, 다른 누군가는 먹을 음식이 없어서 굶어 죽는 일은 없어야겠지요? 누군가는 대궐 같은 집에서 골프를 치며 살고, 다른 누군가는 몸을 누일 한 평의 공간도 없어서 얼어 죽는 일은 없어야겠지요?